T0209042

essentials liefern aktuelles Wissen in konzentrierter Form. Die Essenz dessen, worauf es als „State-of-the-Art" in der gegenwärtigen Fachdiskussion oder in der Praxis ankommt. *essentials* informieren schnell, unkompliziert und verständlich

- als Einführung in ein aktuelles Thema aus Ihrem Fachgebiet
- als Einstieg in ein für Sie noch unbekanntes Themenfeld
- als Einblick, um zum Thema mitreden zu können

Die Bücher in elektronischer und gedruckter Form bringen das Fachwissen von Springerautor*innen kompakt zur Darstellung. Sie sind besonders für die Nutzung als eBook auf Tablet-PCs, eBook-Readern und Smartphones geeignet. *essentials* sind Wissensbausteine aus den Wirtschafts-, Sozial- und Geisteswissenschaften, aus Technik und Naturwissenschaften sowie aus Medizin, Psychologie und Gesundheitsberufen. Von renommierten Autor*innen aller Springer-Verlagsmarken.

essentials

Joachim Weeber

Zentralbanken, Geld und Inflation

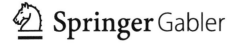

Joachim Weeber
Itzehoe, Deutschland

ISSN 2197-6708   ISSN 2197-6716   (electronic)
essentials
ISBN 978-3-658-39067-9   ISBN 978-3-658-39068-6   (eBook)
https://doi.org/10.1007/978-3-658-39068-6

Die Deutsche Nationalbibliothek verzeichnet diese Publikation in der Deutschen Nationalbibliografie; detaillierte bibliografische Daten sind im Internet über http://dnb.d-nb.de abrufbar.

Planung/Lektorat: Carina Reibold
Springer Gabler ist ein Imprint der eingetragenen Gesellschaft Springer Fachmedien Wiesbaden GmbH und ist ein Teil von Springer Nature.
Die Anschrift der Gesellschaft ist: Abraham-Lincoln-Str. 46, 65189 Wiesbaden, Germany

Was Sie in diesem *essential* finden können

- Informationen über die Rolle von Zentralbanken in der Geldpolitik
- Die Geldpolitik in der Eurozone
- Ursachen und Wirkungen von Inflation und Deflation
- Eine vorläufige Bewertung der Geldpolitik der Europäischen Zentralbank

Das Buch widme ich meinem vierten Enkel Michel Henri.

Vorwort

Dies ist mein drittes Essential nach ‚Klimawandel und Finanzmärkte' und ‚Grundeinkommen. Eine ökonomische Betrachtung'. Als mich der Verlag anschrieb, ob ich ein Buch in dieser Reihe zum Thema Geldpolitik und Inflation machen wolle, sagte ich sofort zu. Schließlich ist es gerade in der heutigen Zeit, wo in Deutschland und auch in anderen Staaten ungewohnt hohe Preissteigerungsraten auftreten und zahlreiche Zentralbanken ihre jahrelang eher expansiv wirkende Geldpolitik überdenken und inzwischen auch korrigieren, wichtig, einer breiteren Öffentlichkeit dieses komplexe Themengeflecht näher zu bringen.

Ziel auch dieses Essentials ist es, volkswirtschaftliches Wissen in einer verständlichen Sprache für Nicht-Ökonomen zu vermitteln. Es war immer mein Ziel, Forschung und Lehre nie als Selbstzweck zu sehen, sondern mit der Verknüpfung von Theorie und Politik zum Verständnis aktueller wirtschafts- und sozialpolitischer Fragestellungen beizutragen. Wissenschaftliche Erkenntnisse sind aus meiner Sicht für ein interessiertes Publikum verständlich und praxisnah darzustellen.

Damit wird einerseits auf die Darstellung abstrakter Theorien und mathematischer Ableitungen verzichtet. Andererseits kann es nicht Aufgabe der nachfolgenden Ausführungen sein, jede gerade aktuelle Entwicklung auf dem Gebiet der Geldpolitik nachzuzeichnen oder zu kommentieren. Vielmehr geht es um die Vermittlung grundlegender Zusammenhänge zwischen der Arbeit von Zentralbanken, aktueller und möglicher geldpolitischer Strategien und den Ursachen und Wirkungen von Preisinstabilitäten. Wer sich aber darüber hinaus für geldpolitische Fragestellungen interessiert, wird also nicht umhinkommen, tiefer in die Lehrbuchwelt zur Geldpolitik einzusteigen, um tagesaktuelle Nachrichten in der Fachpresse mit mehr Fachwissen verfolgen zu können. In diesem Buch sollen dazu die Grundlagen gelegt werden. Dieses Buch widme ich meinem vierten Enkel Michel Henri.

Joachim Weeber

Inhaltsverzeichnis

Einleitung 1

Die jüngere (nicht nur) ökonomische Vergangenheit ist geprägt von zahlreichen Krisen und radikal veränderten wirtschaftlichen und gesellschaftlichen Rahmenbedingungen. Corona-Pandemie, Ukraine-Russland Konflikt, zerfasernde traditionelle Lieferketten und geopolitische Neuorientierungen stellen auch die Wirtschaftspolitik vor neue Herausforderungen. Dies gilt auch für die Geldpolitik. Schlagzeilen wie „Krieg und Pandemie – Warum die Geldpolitik der EZB jetzt besonders entscheidend ist" (WELT vom 10. März 2022) zeigen dies eindrücklich.

Zugleich sehen sich die Menschen im Euroraum und speziell auch in Deutschland ungewohnten Preissteigerungen gegenüber. So lagen die Inflationsraten für die Staaten der gesamten Eurozone im Verlauf des Jahres 2022 zum ersten Mal seit Gründung der Währungsunion über 7 %; in Deutschland zur Jahresmitte 2022 sogar bei rund 8 %. Damit wurden Preissteigerungen Wirklichkeit, die man in Deutschland nur aus der fernen Vergangenheit kannte. So stiegen während der ersten Ölkrise die monatlichen Inflationsraten in Deutschland in der ersten Hälfte der 70er Jahre auf ähnliche Werte an. Daher ist es nicht verwunderlich, dass den Menschen in Deutschland bereits im April 2022 der Preisanstieg mehr Sorgen bereitete als etwa der Ukraine-Russland Konflikt (vgl. McKinsey & Company, 2022).

In zahlreichen Staaten wurden daher finanzpolitische Kompensationsmaßnahmen ergriffen, um die negativen Auswirkungen solch inflationärer Prozesse gerade für einkommensschwache Haushalte auszugleichen bzw. abzumildern. In Deutschland waren dies z. B. die Energiepreispauschale und der Kinderbonus. Dies ist allerdings die Behandlung von Symptomen. Was sind die Ursachen dieser hohen Preissteigerungsraten? Welche Rolle spielen die Zentralbanken? Was ist mit der Verantwortung der Europäischen Zentralbank (EZB) für die hohen Preissteigerungsraten?

© Der/die Autor(en), exklusiv lizenziert an Springer Fachmedien Wiesbaden GmbH, ein Teil von Springer Nature 2022
J. Weeber, *Zentralbanken, Geld und Inflation*, essentials,
https://doi.org/10.1007/978-3-658-39068-6_1

Vor dem Hintergrund eines sich merklich verschlechternden Preisklimas, sah sich die für die Geldpolitik der Eurozone verantwortliche EZB zunehmender Kritik an ihrer jahrelangen expansiv wirkenden Geldpolitik ausgesetzt. Deren Niedrigzinspolitik sowie deren umstrittene Ankäufe von Staatsanleihen seien für steigende Inflationsraten und aus dem Ruder laufende Staatsschulden der Eurostaaten mitverantwortlich – so die Vorwürfe vor allem aus Deutschland. Dies zeigt die zunehmende Bedeutung der Geldpolitik für die wirtschaftliche und gesellschaftliche Stabilität in den Eurostaaten.

In diesem Essential soll daher zunächst auf die Bedeutung von Zentralbanken im wirtschaftspolitischen Kontext eingegangen werden. In Kap. 3 wird ein Überblick über die Geldpolitik in der Eurozone gegeben. Anschließend werden die Tücken der Inflationsmessung dargestellt sowie die verschiedenen Inflationsursachen und -wirkungen aufgezeigt. Schließlich wird der Versuch einer kurzen kritischen Würdigung der bisherigen Geldpolitik der EZB unternommen.

Die Rolle von Zentralbanken in der Wirtschaftspolitik

2

Die Volkswirtschaftslehre unterscheidet zahlreiche wirtschaftspolitische Teilgebiete: etwa sektorale und regionale Strukturpolitik, Energiepolitik, Finanzpolitik, Arbeitsmarkt- und Beschäftigungspolitik usw., die in der interessierten Öffentlichkeit oder in der Medienwelt unterschiedlich intensiv diskutiert werden. Die wirtschaftspolitischen Akteure sind dabei zahlreich: nationale und supranationale staatliche Behörden und Organisationen, private Unternehmen, Verbände, Lobbyisten und auch private Haushalte, etwa als Konsumenten und Arbeitnehmer. Ein wesentlicher Bestandteil der Wirtschaftspolitik stellt auch die Geld- und Währungspolitik dar. Neben den Kreditinstituten und anderen Akteuren des Finanzsektors, nehmen die Zentralbanken eine zentrale Rolle in diesem Teil der Wirtschaftspolitik ein. Eine Rolle, die allerdings weit in die anderen Bereiche der Wirtschaftspolitik hineinreicht und sie sogar maßgeblich beeinflusst.

Die Aufgabengebiete von Zentralbanken sind i. d. R. sehr vielfältig. Sie umfassen z. B. auch die Übernahme der Bankenaufsicht (im Euroraum etwa übernimmt die EZB die Beaufsichtigung über die bedeutenden Banken; in Deutschland teilt sich die Deutsche Bundesbank diese Aufgabe mit der Bundesanstalt für Finanzdienstleistungsaufsicht), Aufgaben im baren und unbaren Zahlungsverkehr oder auch das Halten und Verwalten von Währungsreserven.

Der Schwerpunkt der Tätigkeit – auch in der Wahrnehmung der Öffentlichkeit – stellt allerdings die Geld- und Währungspolitik i. e. S. dar. Die besondere Bedeutung von Zentralbanken für eine ,funktionierende' Wirtschaftspolitik zeigt sich in deren Einfluss bei der Bewältigung aber auch für das Entstehen von Wirtschaftskrisen. So spielte die Geldpolitik für das Entstehen der Finanz- und Wirtschaftskrise 2008/2009 eine wichtige Rolle. Neben zahlreichen anderen Verursacherfaktoren für die damalige Krise (z. B. eine politisch gewollte Deregulierung der Kapitalmärkte; das Auftauchen neuer Kapitalinstrumente in Form von Verbriefungen von Risikopapieren; das zweifelhafte Geschäftsgebaren

J. Weeber, *Zentralbanken, Geld und Inflation*, essentials,
https://doi.org/10.1007/978-3-658-39068-6_2

von Ratingagenturen oder von Vergütungssystemen bei Banken, die die kurz-fristige Rendite- und Gewinnmaximierung förderten), bereitete die Geldpolitik der US-amerikanischen Zentralbank den Nährboden für die damalige schwere Wirtschaftskrise in vielen westlichen Staaten. Durch ungewöhnlich niedrige Leit-zinsen im Zuge der Zinssenkungspolitik der US-amerikanischen Zentralbank nach dem Ende der Spekulationsblase bei Aktien des damaligen Neuen Mark-tes (Anfang 2000) und den Ereignissen des 11. September 2001 entstand ein hohes Geldmengen- und Kreditwachstum. Die Folge waren niedrige langfristige Realzinsen und der Glauben an dauerhaft niedrige Zinssätze. In vielen Industrie-staaten kam es einem Boom bei den Immobilienpreisen, in den USA zusätzlich getrieben durch die weit verbreitete Präferenz für nur kurzfristige Festzins- oder sogar Gleitzinskredite. Im Zuge steigender Zinssätze (ab 2004) konnten die häufig auf variabler Verzinsung basierenden Hypothekenkredite von den Immobilienbe-sitzern nicht mehr bedient werden. Dies galt insbesondere für die sogenannten Ninja-Kredite im Subprime-Bereich (No Income, No Job or Assets), also die Kreditvergabe an wirtschaftlich schwache Personen (eingeschränkte Bonität; hohe Beleihung des Grundbesitzes). Die Folgen waren u. a. eine drastische Abschwä-chung der Wirtschaftstätigkeit in den Realwirtschaften vieler Staaten und hohe Abschreibungen bei im Bestand von Kreditinstituten befindlichen Wertpapieren, die eine bis dahin in Deutschland nicht gekannte Bankenrettung auslöste.

Waren geldpolitische Entscheidungen zumindest ein wesentlicher Verursach-erfaktor für die schwere Finanz- und Wirtschaftskrise, muss ihr aber auch eine entscheidende Rolle bei ihrer Überwindung zugeschrieben werden. Ohne auf die Einzelheiten einzugehen: Im Zuge des Krisenhöhepunktes im Herbst 2008 wur-den von der Geldpolitik unmittelbar zahlreiche (weltweite) Zinssenkungen der großen Zentralbanken vorgenommen. Hinzu kamen andere geldpolitische Maß-nahmen zur Stützung der Geld- und Kapitalmärkte. Insgesamt gesehen, haben die Zentralbanken ein breites Spektrum verschiedener Instrumente zur Durchfüh-rung von Liquiditätssteuerungsoperationen verwendet (zur Geldpolitik während der Finanz- und Wirtschaftskrise 2008/2009: Europäische Zentralbank, 2009).

Ähnlich entscheidende Rollen wird Zentralbanken auch im Verlauf der Welt-wirtschaftskrise Ende der 20er/Anfange der 30er Jahre des letzten Jahrhunderts, während der Asien-Krise 1997 oder auch im Zuge der Euro-Krise zugewiesen. Zentralbanken sind damit ein zentraler Player in der Wirtschaftspolitik.

Vor dem Hintergrund unterschiedlicher gesellschaftlicher und wirtschaftlicher Rahmenbedingungen, gibt es nicht die ‚typische' Zentralbank. Vielmehr unterscheiden sich die großen Zentralbanken in ihren wesentlichen Gestaltungsmerkmalen. Deshalb wird sich in diesem Kapitel auf das für uns relevante Eurosystem beschränkt, das seit Beginn der Europäischen Währungsunion für unsere Geldpolitik verantwortlich ist. Das Eurosystem, das aus der EZB und den nationalen Zentralbanken der Mitgliedstaaten besteht, die den Euro eingeführt haben, hat sich seit der Einführung des Euro Anfang 1999 in seiner institutionellen Ausgestaltung kaum, in seiner Zielformulierung und den angewandten geldpolitischen Instrumenten dagegen merklich verändert. Diese Veränderung wird im Folgenden betrachtet, genauso, wie die Ergebnisse der im Jahr 2021 erfolgte Strategiedebatte der EZB. Für einen Überblick über diese Debatte bietet sich der Aufsatz im Monatsbericht September 2021 der Deutschen Bundesbank an.

3.1 Die Geldpolitik in der Eurozone – Institutionen

In Deutschland war bis Ende 1998 die Deutsche Bundesbank in der geldpolitischen Verantwortung. Mit der Einführung des Euro übernahmen die neuen Institutionen des Eurosystems diese Aufgabe. Dabei sind das Direktorium der EZB und der EZB-Rat für die Vorbereitung, Durchführung und Umsetzung der einheitlichen Geldpolitik verantwortlich. Hinzu kommt der ‚Erweitere Rat'. Die wesentlichen Aufgaben der jeweiligen Institution in Kurzform:

- **Direktorium:**
  - Vorbereitung der Sitzungen des EZB-Rates

© Der/die Autor(en), exklusiv lizenziert an Springer Fachmedien Wiesbaden GmbH, ein Teil von Springer Nature 2022
J. Weeber, *Zentralbanken, Geld und Inflation*, essentials,
https://doi.org/10.1007/978-3-658-39068-6_3

- Durchführung der Geldpolitik des Euroraums, auf der Grundlage der Entscheidungen des EZB-Rates
- Führung der laufenden Geschäfte der EZB
- **EZB-Rat:**
  - Oberstes Entscheidungsgremium
  - Fassung von Entscheidungen, die notwendig sind, um die Erfüllung der dem Eurosystem übertragenen Aufgaben zu gewährleisten, auch über geldpolitische Entscheidungskompetenzen hinaus
  - Festlegung der Geldpolitik des Euroraums (Entscheidungen hinsichtlich der geldpolitischen Ziele, der Leitzinsen und der Bereitstellung von Zentralbankguthaben im Eurosystem)
- **Erweiterter EZB-Rat:**
  - Übergangsgremium; übernimmt u. a. Vorarbeiten, die erforderlich sind für den Beitritt von EU-Mitgliedstaaten zur gemeinsamen Währung, etwa Harmonisierung der Statistiken
  - der Erweiterte EZB-Rat wird aufgelöst, wenn alle EU-Mitgliedstaaten die gemeinsame Währung eingeführt haben

Wichtigste Institution ist daher der EZB-Rat. Wie werden Entscheidungen in diesem Gremium gefällt? Bis Ende 2014 galt das Prinzip ‚Ein Mitglied – Eine Stimme‘. Damit der EZB-Rat auch bei Zuwächsen von Staaten zur gemeinsamen Währung seine Handlungsfähigkeit behält, wurde bereits im Jahre 2002 ein Rotationsprinzip vereinbart. Im Zuge des Beitritts Litauens am 1.1.2015 zur Eurozone als 19. Land wurde das Rotationsverfahren für die Stimmrechte im EZB-Rat wirksam. Nach diesem Verfahren besteht der EZB-Rat aus drei Gruppen, die sich insgesamt 21 Stimmrechte teilen: Die 5 größten Staaten bilden Gruppe 1 (Deutschland, Frankreich, Italien, Spanien, Niederlande). Sie teilen sich 4 Stimmen; jeder Zentralbankpräsident ist daher (nur noch) bei 80 % der Sitzungen stimmberechtigt. Die restlichen Staaten bilden Gruppe 2. Sie teilen sich 11 Stimmen; jeder Zentralbankpräsident ist dann bei 79 % der Sitzungen (bei 19 Mitgliedsstaaten) stimmberechtigt. Die Einteilung in die Ländergruppen richtet sich nach Wirtschaftskraft und der Größe des jeweiligen Finanzsektors. Die Mitglieder des Direktoriums (3. Gruppe) haben sechs dauerhafte Stimmrechte. Sollten 22 Staaten Teil der Eurozone werden, wird das bestehende Rotationsprinzip wieder modifiziert.

Für weitergehende Informationen zur institutionellen Ausgestaltung des Eurosystems, etwa hinsichtlich der Mitglieder und den Aufgaben der jeweiligen Institutionen des Eurosystems sowie zum Rotationsverfahren: https://www.ecb.europa.eu/home/html/index.de.html.

3.2 Die Geldpolitik in der Eurozone – Ziel

Art. 127 des Vertrages über die Arbeitsweise der Europäischen Union (AEUV) legt für die gemeinsame Geldpolitik des gesamten Europäischen Systems der Zentralbanken (mithin alle Zentralbanken der Staaten der Europäischen Union) die Verpflichtung auf das vorrangige Ziel der Preisstabilität fest. Soweit dieses Ziel nicht beeinträchtigt wird, unterstützt sie die allgemeine Wirtschaftspolitik der Teilnehmerstaaten, um nach Art. 3 des Vertrages über die Europäische Union ein ausgewogenes Wirtschaftswachstum, eine in hohem Maße wettbewerbsfähige soziale Marktwirtschaft, die auf Vollbeschäftigung und sozialen Fortschritt abzielt, sowie ein hohes Maß an Umweltschutz und Verbesserung der Umweltqualität, zu erreichen. Damit existiert für das Eurosystem streng genommen eine Ober-/Unterziel Struktur. Andere Zentralbanken, wie etwa die US-amerikanische Zentralbank, richten ihre Geldpolitik aufgrund einer anders gelagerten gesetzlichen Ausrichtung auf eine Gleichrangigkeit der beiden Ziele (Preisstabilität/Wirtschafts- bzw. Arbeitsmarktentwicklung) aus.

Die EZB veröffentlicht eine quantitative Definition von Preisstabilität als Orientierungshilfe und als Messgröße für die Öffentlichkeit, mit der der Erfolg der Geldpolitik beurteilt werden kann. Preisstabilität wurde zu Beginn der Währungsunion definiert als Anstieg des Harmonisierten Verbraucherpreisindex (HVPI) für das Euro-Währungsgebiet von unter 2 % gegenüber dem Vorjahr. Im Zuge einer Überprüfung u. a. dieser Zielvorstellung wurde 2003 durch den EZB-Rat eine Präzisierung vorgenommen. Das Ziel, mittelfristig eine Preissteigerungsrate von unter 2 % zu erreichen, wurde beibehalten. Gleichzeitig erklärte der EZB-Rat aber, dass die Preissteigerungsrate zwar unter, aber nahe bei 2 % liegen soll.

Im Juli 2021 stellte die EZB der Öffentlichkeit eine Überarbeitung dieser Zielformulierung vor, nachdem auch in Deutschland eine jahrelange Diskussion über die zukünftige Zielformulierung und die geldpolitische Strategie stattgefunden hatte. Das neue Inflationsziel zielt auf eine Inflationsrate von mittelfristig 2 % ab. Im Vergleich zur bisherigen Formulierung, soll das neue Ziel ‚symmetrisch' verstanden werden: „Symmetry means that the Governing Council considers negative and positive deviations from this target as equally undesirable. The two per cent inflation target provides a clear anchor for inflation expectations, which is essential for maintaining price stability" (Europäische Zentralbank, 2021a). Damit geht das Ziel der Preisstabilität auch mit vorübergehenden Phasen von Inflationsraten einher, die moderat über dem 2 %-Ziel liegen. Zudem wird eine stärkere Gewichtung auf das Verständnis von Mittelfristigkeit gelegt. Was genau unter ‚mittelfristig' verstanden wird, ist nicht konkretisiert. Aus Bemerkungen von

Direktoriumsmitgliedern und aus den Projektionen der EZB kann man vermu-
ten, dass aus Sicht der Jahresmitte 2022 frühestens die Jahreswende 2024/2025
gemeint sein könnte (Panetta, 2022) – mithin 2–3 Jahre.

Warum wird eigentlich nicht eine Inflationsrate von ‚Null' verfolgt? Der
Abstand zur ‚Nulllinie' resultiert vor allem aus folgenden Erkenntnissen:

- Unschärfen der Preismessung, die aus dem spezifischen Aufbau des Messverfahrens resultieren. Hierdurch entstehen tendenziell Überzeichnungen des
offiziell gemessenen Preisanstieges (vgl. Kap. 4).
- Unterschiedlichkeit in der Preisentwicklung zwischen den Staaten des
Euro-Währungsraums. Danach werden, einfach formuliert, innerhalb eines
Währungsgebietes unterschiedliche Inflationsraten existieren, solange es ein
Wachstumsgefälle zwischen den Staaten gibt. Damit besteht die Gefahr, dass
es bei schnell/langsam wachsenden Ländern innerhalb eines Währungsraumes,
zu einem dauerhaft stärkeren/langsameren Anstieg der Preise bei den nicht-
handelbaren Waren und Dienstleistungen kommt (Balassa-Samuelson-Effekt).
Richtet sich die Geldpolitik bei ihrer Verfolgung des Zieles der Preisstabi-
lität nunmehr am Durchschnitt der Länder einer Währungsunion aus, ist die
Zinspolitik gegenüber den letztgenannten Staaten zu restriktiv.
- Durch den über Null liegenden Zielwert wird verdeutlicht, dass die EZB zum
Schutz gegen deflationäre Entwicklungen im Währungsraum für einen ausrei-
chenden Sicherheitsabstand sorgt. Durch die Veröffentlichung eines mehr oder
weniger konkreten Zielwertes für die Preisstabilität kommt die EZB zudem der
Forderung nach einem klaren Orientierungspunkt nach. Von der Preisstabilität abweichende Inflationserwartungen sollen so in ihrem Ausmaß begrenzt
werden.

Durch die Finanz- und Wirtschaftskrise 2008/2009 ist ein weiteres Ziel (der
europäischen) Geldpolitik in den Mittelpunkt der Öffentlichkeit gerückt. Ohne
ein funktionierendes Finanzsystem sind marktwirtschaftliche Systeme nicht funk-
tionsfähig. Die Sicherung der Finanzmarktstabilität ist damit zwar ein wenig
bekanntes, muss aber zentrales Ziel der Geldpolitik sein und ist folgerichtig auch
in Art. 127 (5) AEUV enthalten („Ferner trägt das Eurosystem zur reibungslo-
sen Durchführung von Maßnahmen bei, die die zuständigen Behörden auf dem
Gebiet der Aufsicht über die Kreditinstitute und der Stabilität des Finanzsystems
ergriffen haben"). Hierzu zählen auch die Behörden, die für die Bankenaufsicht
zuständig sind, da sie eine zentrale Rolle für die Stabilität des Bankensektors und
damit für einen entscheidenden Pfeiler der Finanzmarktstabilität einnehmen.

3.3 Die Geldpolitik in der Eurozone – Strategie

Im Gegensatz zu anderen Zentralbanken hat die EZB in ihrer Gründungs-
phase kein explizites Inflationsziel als Strategie formuliert. Vielmehr beruhte ihre
geldpolitische Strategie auf der zuvor genannten Definition von Preisstabilität
und der ‚Zwei-Säulen-Strategie‘, die über die Formulierung von Zwischenzie-
len Preisstabilität erreichen sollte. Das Ziel, die mittelfristige Preisstabilität zu
erreichen wurde also in der praktischen Umsetzung der ‚Zwei-Säulen-Strategie‘
verfolgt. Zunächst stellte dabei die 1. Säule die ‚monetäre Analyse‘ und die
2. Säule die ‚Analyse der wirtschaftlichen Entwicklung‘ dar. Mit der Entscheidung vom 8. Mai 2003 wurde allerdings die Reihenfolge in der Berichterstattung
auf den erläuternden Pressekonferenzen des EZB-Rates umgedreht, sodass hier
die danach übliche Darstellungsweise verwendet wird. Mit der Veröffentlichung
der neuen geldpolitischen Strategie 2021 wurde die bisher verwendete ‚Zwei-
Säulen-Betrachtung‘ als Bewertungsgrundlage aller relevanter Faktoren zwar in
der offiziellen Formulierung durch den sogenannten ‚integrierten Analyserahmen‘
ersetzt, bei näherer Betrachtung aber im Prinzip – mit einer intensiveren finanziellen Analyse – beibehalten (für eine schärfere Sichtweise: Sachverständigenrat
zur Begutachtung der gesamtwirtschaftlichen Entwicklung, 2021, S. 141). Dieser
integrierten Analyserahmen bildet dann die Grundlage für die Prüfung der Ver-
hältnismäßigkeit der geldpolitischen Entscheidungen des EZB-Rates und deren
Nebenwirkungen. Eine Gegenprüfung beider geldpolitischer Stränge findet aber
im Vergleich zur alten geldpolitischen Strategie nicht mehr statt.

Wirtschaftliche Analyse
Die wirtschaftliche Analyse stellt auf die kurz- bis mittelfristigen Bestimmungs-
faktoren der Preisentwicklung ab. Sie trägt der Tatsache Rechnung, dass die
Preisentwicklung über diese Zeithorizonte hinweg weitgehend vom Zusammenspiel
von Angebot und Nachfrage an den Waren-, Dienstleistungs- und Faktormärkten
beeinflusst wird. Ähnlich wie bei der monetären Analyse, gibt es aber auch hier
keinen automatischen geldpolitischen Handlungsbedarf, falls die wirtschaftliche
Analyse für sich genommen eine Zunahme der Preisrisiken anzeigt. Diese Säule der
aktuellen geldpolitischen Strategie der EZB stellt gegenüber der früheren rein geldmengenorientierten Strategie der Deutschen Bundesbank eine Erweiterung dar. Sie
ist Ausfluss über die Kenntnisse des Zusammenspieles von Angebot und Nachfrage
auf einer Vielzahl von Märkten – auch der Finanzmärkte – und deren Auswirkungen
auf die Preisstabilität.

Die zu beobachtenden Indikatoren lassen sich in einer Grobstruktur in drei
Gruppen unterteilen, wobei hier keine vollständige Aufzählung erfolgt (Abb. 3.1):

Preis- und Kostenindikatoren	Konjunktur- und Fiskalindikatoren	Finanzmarktindikatoren
Rohstoffpreise Energiepreise Einfuhrpreise Erzeugerpreise gewerblicher Produkte Kerninflation Lohnentwicklung	Branchen- und Verbraucherumfragen Auftragseingänge Industrieproduktion Einzelhandelsumsätze Gesamtwirtschaftliche Produktion Öffentliche Verschuldung Steuer und Gebühren	Aktienindizes Anleihekurse Immobilienpreise Sonstige Vermögenspreise Wechselkurse Kredit- und Finanzierungsbedingungen Zinsstruktur

Abb. 3.1 Indikatoren der wirtschaftlichen Analyse

„Alle diese Faktoren sind hilfreich, um die Dynamik der realwirtschaftlichen Aktivität und die voraussichtliche Preisentwicklung über kürzere Zeithorizonte unter dem Gesichtspunkt des Zusammenspiels zwischen Angebot und Nachfrage an den Güter-, Dienstleistungs- und Faktormärkten zu bewerten" (Europäische Zentralbank, 2011, S. 77). So spielt etwa die Entwicklung der Löhne eine besondere Rolle bei der Einschätzung über die zukünftigen Risiken für die Preisstabilität, da sie sowohl über die Angebotsseite (über den Kostendruck bei über dem Produktivitätsfortschritt liegenden Lohnvereinbarungen) als auch über die Nachfrageseite (über einen kaufkraftinduzierten Wachstumsimpuls) auf das Preisniveau einwirken kann. Ergänzt wird diese Analyse um Inflationsprognosen und -erwartungen internationaler Organisationen und anderer Marktteilnehmer. Zudem werden von der EZB vierteljährlich gesamtwirtschaftliche Projektionen veröffentlicht, die Informationen liefern, wie die künftige allgemeine Wirtschaftslage in Bezug auf Wirtschaftswachstum, Inflation, Löhnen, Arbeitslosigkeit und Handel für den Euroraum und die Weltwirtschaft aussehen könnte. Diese Projektionen fließen in die Beurteilung des EZB-Rats hinsichtlich der Risiken für die Preisstabilität ein. Aber auch nationale Zentralbanken, wie die Deutsche Bundesbank, kommunizieren regelmäßig ihre Einschätzung über die wirtschaftliche Entwicklung für die nahe Zukunft. Durch die Neuformulierung der geldpolitischen Strategie wurde der Aspekt der Finanzmarktindikatoren teilweise in die Säule der finanziellen Analyse integriert.

Monetäre und finanzielle Analyse
Während es bei der Analyse der wirtschaftlichen Entwicklung um den kurz- bis mittelfristigen Zusammenhang zur Preisentwicklung geht, stellt die monetäre und finanzielle Analyse auch auf mittel- bis langfristige Einflussfaktoren

der Preisentwicklung ab. Hierzu erfolgt eine umfassende Analyse unterschiedlicher Geldmengen- und Kreditaggregate. Zu Beginn der Währungsunion ging die EZB noch von einem engen Zusammenhang zwischen Geldmenge und Inflation aus: „Hierin spiegelt sich die robuste Beziehung zwischen Geldmengenwachstum und Inflation, welche auf mittlere bis lange Sicht besteht, wider" (Europäische Zentralbank, 2011, S. 86). Ein deutlicher Anstieg der Geldmenge – so die ursprüngliche Argumentation – würde so zu einem allgemeinen Preisanstieg führen. Inzwischen dürfte sich dieser ehemalig ‚robuste' Zusammenhang allerdings gelockert haben, wie die Deutsche Bundesbank schreibt: „Im Umfeld niedriger und relativ stabiler Inflationsraten der vergangenen Jahre hat sich der Geldmengen-Preis-Zusammenhang allerdings abgeschwächt. Die unmittelbare Aussagekraft des Geldmengenwachstums als Indikator für die künftige Preisentwicklung hat deshalb auch im Euroraum abgenommen" (Deutsche Bundesbank, 2022a, S. 173) – gleichwohl ist die Geldmenge weiterhin Teil der monetären und finanziellen Analyse.

Für die Beurteilung der Geldmengenentwicklung wird auf unterschiedlich weit gefasste Abgrenzungen abgestellt, wobei die breit gefasste Definition der Geldmenge M3, die die besonders liquiden Aktiva von Nichtbanken enthält, im Mittelpunkt steht, während sich im Bereich der Kredite vor allem auf die Vergabe an Private Haushalte und Unternehmen fokussiert wird. Die Betrachtung der Verbindung zwischen Geldmenge und Inflation soll der Geldpolitik einen über eine kurzfristige Betrachtung hinausgehenden Prognosehorizont liefern. Aufgrund von Wirkungsverzögerungen treten die Auswirkungen geldpolitischer Maßnahmen allerdings nur mit einem time-lag auf; mithin ist keine unmittelbare Verbindung zwischen geldpolitischen Beschlüssen und den daraus resultierenden Inflationseffekten zu sehen, wie sich auch aus der Betrachtung des Transmissionsprozesses ergibt.

Aufgrund des mittel- bis langfristigen Charakters der monetären Sichtweise kann es keine direkte Verbindung zwischen kurzfristigen monetären Entwicklungen und geldpolitischen Beschlüssen geben. Allerdings wird dies in der Öffentlichkeit fälschlicherweise oftmals als Automatismus verstanden. Vielmehr wird bei der Analyse der monetären Entwicklung auch auf ‚Sonderfaktoren' eingegangen, die etwa zu einem starken Geldmengenwachstum führen können, ohne dass daraus zukünftige Risiken für die Preisstabilität resultieren müssen. Dies gilt etwa für Portfolioumschichtungen der Anleger, wenn sich die Attraktivität der in der Geldmenge enthaltenen Bankeinlagen (etwa aufgrund von Änderungen der steuerlichen Behandlung von Zins- oder Kapitalerträgen) gegenüber anderen Finanzinstrumenten ändert. Hier spielt vor allem die Zeitdimension eine entscheidende Rolle. So finden sich im wichtigen Geldmengenaggregat M3 maximal zweijährige Laufzeiten. Kommt es also zu strategischen Veränderungen in den zeitlichen Dimensionen der Anlageentscheidungen der Wirtschaftssubjekte, reagieren möglicherweise die Daten für die Geldmenge M3, ohne dass sich aber tatsächlich die Risiken für die Preisstabilität verändern.

Eine Orientierungsgröße für die Beurteilung der monetären Entwicklung stellte der von der EZB zu Beginn der Währungsunion berechnete Referenzwert für das weit gefasste Geldmengenaggregat M3 dar. Dieser Referenzwert bezog sich auf die Wachstumsrate von M3, die mit Preisstabilität auf mittlere Sicht als vereinbar gilt (stabilitätsgerechte Geldmengenwachstumsrate). Die Ableitung des Referenzwertes bestand aus drei Komponenten: dem trendmäßigen Wachstum des realen Bruttoinlandsproduktes (BIP) bzw. dessen Potenzialwachstum, dem Anstieg des HVPI als Zielwert und der Veränderung der Umlaufgeschwindigkeit des Geldes (vgl. ausführlich Weeber, 2015, S. 163 f.) Auf der Grundlage dieser Annahmen wurde der Referenzwert (mit seinen Einzelkomponenten) im Dezember 1998 vom EZB-Rat auf 4½ % pro Jahr festgesetzt. Er stellte damit das Ausmaß des preisstabilitätskonformen Wachstums der Geldmenge M3 dar. Der Referenzwert wurde in der Folge jährlich evaluiert. Abweichungen davon wurden ‚im Normalfall' als Signal für Risiken für die Preisstabilität interpretiert.

Die Verwendung der Geldmenge als eine Art Zwischenziel beruht auf der auf Milton Friedman zurückgehenden Aussage, dass Inflation immer ein monetäres Problem ist. Dabei kann die Geldmenge nur als Zwischenziel dienen, wenn sie in stabiler Beziehung zum Preisniveau steht und eine Vorlaufeigenschaft besitzt. Die theoretische Grundlage für die Verwendung der Geldmenge liefert die Quantitätstheorie mit ihrer Quantitätsgleichung (die in ihrer derzeitigen Form bereits von Irving Fisher, 1922 beschrieben wurde). Sie zeigt den Zusammenhang zwischen Geldmengenwachstum, Inflation, dem realen Produktionswachstum und der Umlaufgeschwindigkeit des Geldes auf:

$$\mathbf{M} * \mathbf{V} = \mathbf{P} * \mathbf{Yr}$$

mit:

$M =$ Geldmenge
$V =$ Umlaufgeschwindigkeit des Geldes
$P =$ Preisniveau
$Yr =$ reale Produktionsmenge

Das Produkt aus Geldmenge und Umlaufgeschwindigkeit entspricht dem Produkt aus Preisniveau und realer Produktionsmenge einer Volkswirtschaft (= nominales BIP). Unter der Annahme, dass für V eine stabile Größe vorliegt und Yr nicht abhängig ist von M, sondern etwa vom Reallohn, dem Bevölkerungswachstum oder dem technischen Fortschritt, ergibt sich nach den Überlegungen der Quantitätstheoretiker (mit Δ für Veränderung):

$$\Delta M = \Delta P$$

Damit bestimmt das Wachstum der Geldmenge die Entwicklung des Preisniveaus, wobei dieser Zusammenhang im Euro-Raum bis Mitte der 90er Jahre deutlich war, sich danach aber zunehmend auflöste. Auch wegen der fortschreitenden Nutzung von Finanzinnovationen hat sich danach die Stabilität der Langfristbeziehung zwischen der Veränderung der Geldmenge und der Veränderung des Preisniveaus gelockert. Der Vorteil dieses Teils der ‚Zwei-Säulen-Strategie' lag vor allem im politökonomischen Bereich, durch die leichte Vermittelbarkeit der grundsätzlichen Zusammenhänge und der Transparenz gegenüber der Öffentlichkeit. Auf der Sitzung des EZB-Rates am 8. Mai 2003 wurde eine Überprüfung der geldpolitischen Strategie vorgenommen und eine Reihe von Beschlüssen getroffen, die die ursprüngliche geldpolitische Ausrichtung ergänzte bzw. modifizierte. So wurde u. a. beschlossen, dass die Überprüfung des Referenzwertes zur Ableitung des Geldmengenzieles nicht mehr jährlich vorgenommen wird, und der EZB-Rat verzichtete auf Verweise auf den Referenzwert in den Einleitenden Bemerkungen zur Pressekonferenz nach jeder EZB-Ratssitzung. Gleichzeitig stellte der EZB-Rat klar, dass er die Gültigkeit der Bedingungen und Annahmen, auf denen der Referenzwert basiert, weiter beobachten und alle Änderungen der zugrunde liegenden Annahmen bekannt geben wird, sobald sie erforderlich werden. In der 2021 vereinbarten neuen geldpolitischen Strategie kommt der Referenzwert ebenfalls nicht vor. Inzwischen dient der Referenzwert daher nicht mehr als Beurteilungsmaßstab für die Geldmengenentwicklung. Eine Darstellung der Entwicklung der Rolle des Referenzwerts im Rahmen der geldpolitischen Strategie des Eurosystems findet sich in Holm-Hadulla et al. (2021).

Der Hauptaugenmerk dieses Teils der neuen geldpolitische Strategie „liegt jetzt in der Analyse der geldpolitischen Transmission über den Finanzsektor und der möglichen Risiken für die mittelfristige Preisstabilität, die sich aus finanziellen Ungleichgewichten und monetären Faktoren ergeben können" (Deutsche Bundesbank, 2021, S. 27). Damit wird das Beobachtungsspektrum auf zahlreiche Finanzmarktindikatoren, wie Anleihe- oder auch Aktienmärkte ausgedehnt, aber auch die Stabilität des Bankensektors sowie die Finanzierungsstrukturen nichtfinanzieller Unternehmen analysiert.

Die schrittweise Abkehr von einer geldmengenorientierten Steuerung erscheint auch vor dem Hintergrund sinnvoll, da die Zentralbank die Geldmengenentwicklung gar nicht vollständig allein steuern kann, wie der Geldschöpfungsprozess zeigt. Wie er funktioniert, kann auf unterschiedlichen Wegen dargestellt werden. Eine anschauliche Darstellungsweise liefert ein Auszug aus einem Beitrag der Wochenzeitung DIE ZEIT aus dem Jahre 1996 (der auf den Euro übertragen wurde):

„Am Anfang sind z. B. 10000 nagelneue Euro, frisch von der EZB. Von diesem Geld darf eine normale Bank 9800 EUR verleihen – zwei Prozent müssen in den Mindestreservetopf. Angenommen, die Bank gibt das Geld einem Kunden, der sich dafür einen Gebrauchtwagen kauft. Und der Gebrauchtwagenhändler bringt das Geld zu einer zweiten Bank. Die wiederum borgt das Geld (9800 EUR abzüglich 196 EUR Mindestreserve ergibt 9604) einem Kunden, der sich neue Möbel kauft. Der Möbelverkäufer überweist das Geld auf eine dritte Bank. Und die verleiht es (jetzt noch 9412) an eine Kundin, die sich einen Nerz zulegt. Auch dieses Geld landet wieder bei einer Bank. Und schon sind aus 10000 EUR 38816 EUR geworden. Aber das ist erst der Anfang. Jeweils um die Mindestreserve verringert wird das gleiche Geld immer und immer wieder verliehen. Das kann sich fortsetzen, bis aus den 10000 EUR eine halbe Million geworden ist." (Quelle: DIE ZEIT vom 8. November 1996).

Neben der Zentralbank kommen als wichtige Marktteilnehmer damit auch noch Kreditinstitute und Nichtbanken (Unternehmen, öffentliche und private Haushalte) hinzu. Durch ihr Verhalten wird die Höhe der umlaufenden Geldmenge entscheidend mitbestimmt.

Alternative geldpolitische Strategien

Die Krisen der letzten Jahre (Subprime- und Finanzkrise, Schuldenkrise von Euro-Staaten, Corona-Pandemie, Ukraine-Russland Konflikt) haben gerade die Geldpolitik in den traditionellen Industriestaaten tangiert. Dies gilt auch für die Eurozone. Standen zuvor vor allem traditionelle, etwa zinspolitische Maßnahmen im Mittelpunkt geldpolitischer Handlungen, haben sich spätestens seit der Insolvenz der Investmentbank Lehman Brothers Mitte September 2008 die Rahmenbedingungen für die Geldpolitik verändert. Waren in den ersten Jahren nach dem Ausbruch der krisenhaften Entwicklungen in erster Linie Maßnahmen zur unmittelbaren Beruhigung der Märkte notwendig, geht es auch um mittel- bis langfristig wirkende Konzepte für die Geldpolitik als ihren Beitrag zur Vermeidung zukünftiger Krisen auf den Finanzmärkten. Zwar hat die EZB durch die Überarbeitung ihrer geldpolitischen Strategie im Jahre 2021 ein aus ihrer Sicht „solides Fundament" (EZB-Präsidentin Lagarde in Europäische Zentralbank, 2021b) für die Ausrichtung ihrer zukünftigen Geldpolitik geschaffen. Allerdings sehen Beobachter der EZB-Politik in dieser Neuausrichtung eher eine moderate Überarbeitung der bisherigen Geldpolitik. Weitergehende Vorschläge reichen bis zu einer vollständigen Neuorientierung der Geld- und in deren Gefolge der Währungspolitik – etwa, wenn es um Vorstellungen in Richtung des sogenannten Vollgeldes geht (vgl. dazu etwa Sauber & Weihmayr, 2014).

Neben der beschriebenen überarbeiteten geldpolitischen Zwei-Säulen-Strategie der EZB werden daher alternative Ansätze bzw. Zwischenziele der Geldpolitik diskutiert. Grundlegende Voraussetzung dieser Zwischenziele muss sein, dass deren Beeinflussung durch die Zentralbank möglich ist und die in enger, positiver Verbindung mit den Endzielen (wie etwa Preisniveaustabilität; wirtschaftliches Wachstum; Finanzmarktstabilität) stehen. Der EZB-Rat hat angekündigt die Angemessenheit seiner geldpolitischen Strategie im Jahre 2025 zu überprüfen und ggf. neu zu bewerten. Im Zuge dieses Prüfprozesses könnte dann auch über die zu beobachtende Orientierungsgröße zur Messung von Preisstabilität diskutiert werden. So hat etwa der Sachverständigenrat zur Begutachtung der gesamtwirtschaftlichen Entwicklung in seinem Jahresgutachten 2021/2022 auf den im Vergleich zum von der EZB verwendeten Harmonisierten Verbraucherpreisindex umfassenderen BIP-Deflator verwiesen (Sachverständigenrat zur Begutachtung der gesamtwirtschaftlichen Entwicklung, 2021, S. 142), der die Preisentwicklung der gesamten inländischen Produktion von Waren und Dienstleitungen erfasst.

In der Literatur und z. T. auch in der praktischen Geldpolitik finden sich weitere Vorschläge zu geldpolitischen Orientierungsgrößen. Z. B.:

- **Inflation Targeting:** hierunter wird der Versuch der Zentralbanken verstanden, ein gegebenes Inflationsziel direkt, also ohne Beobachtung oder Analyse eines Zwischenziels zu erreichen. Dadurch sollen etwa Wirkungsverzögerungen im Transmissionsprozess minimiert oder sogar ausgeschaltet werden. Einige in der Tradition der Deutschen Bundesbank stehende Beobachter der EZB-Geldpolitik sehen in der 2021 formulierten Neuausrichtung der geldpolitischen Strategie bereits ein inflation targeting und gehen kritisch damit um (Gubitz et al., 2021).
- **Wechselkursorientierung:** hierbei wird der Außenwert der eigenen Währung so gesteuert, dass eine übermäßige negative Beeinflussung des inländischen Preisklimas durch außenwirtschaftliche Faktoren unterbleibt. Dafür kann die eigene Währung an eine als wertstabil anerkannte ausländische Währung (Ankerwährung) ‚angebunden' werden. Diese Strategie findet eher durch kleine Staaten Anwendung und ist damit für den Währungsraum ‚Eurozone' nicht vorstellbar.
- **Kreditgewährung an den privaten Sektor bzw. das gesamte Aktivgeschäft:** Die Grundidee dieses Vorschlages ist, die kurzfristigen Volatilitäten der Geldnachfrage auszublenden und stärker auf die tatsächlichen Vorlaufindikatoren für

die Risiken der Preis- und Finanzmarktstabilität abzustellen. Kreditaggregate entwickeln sich langfristig nahezu parallel zur gesamtwirtschaftlichen Nachfrage. Über die Zinsgestaltung und die ergänzenden Instrumente sind zumindest gewisse Einflussmöglichkeiten auf diese Zielgröße gegeben – vor allem in Zeiten nach der Überwindung der Finanz- und Wirtschaftskrise 2008/2009. Eigentliches Problem bei der Verwendung dieser Größe könnte aber genau die mangelnde Vorlaufeigenschaft dieses Indikators sein. Auch Kreditaufnahmen aus dem Ausland sind im Zuge weltweiter Finanzmärkte durch die heimische Zentralbank nur schwer zu kontrollieren. Gleichwohl hat die EZB in ihrer neuen Strategie im Bereich der finanziellen Analyse entsprechende Aspekte aufgenommen.

• **Goldstandard:** auch die Wiedereinführung eines Goldstandards wird diskutiert, so wie er im Zuge der Konferenz von Bretton Woods mit der Festlegung auf eine neue Nachkriegswährungsordnung, mit dem US-Dollar als Leitwährung geschaffen wurde. Der US-Dollar stand dabei mit einer festen Relation zum Gold (35 US\$/Unze) – und dieser wiederum mit einem festen Wechselkurs zu jeder nationalen Währung eines Mitgliedstaates des Internationalen Währungsfonds. Aufgrund erheblicher wirtschaftlicher Probleme (schwindende Wirtschaftskraft und Leistungsbilanzdefizit der USA und steigende Kosten für den Vietnamkrieg), konnte dieses Festkurssystem nicht aufrechterhalten werden. Die daraus resultierenden Währungsprobleme entstanden im Wesentlichen aus einem Konflikt zwischen nationaler Autonomie der Wirtschaftspolitik vieler Nationalstaaten und festen internationalen Regeln, die vor allem von den USA vorgegeben wurden. Schwankungen der Liquiditätsversorgung mit der Reservewährung ‚US-Dollar' führten entweder zur Dollarlücke oder zur Dollarschwemme. Die Folge war eine Abhängigkeit der inländischen Geldversorgung der anderen Staaten von der Geld- und Wirtschaftspolitik der USA. Diese Gegensätze in den Interessen führten schließlich de facto 1973 (formal 1978) zu einer Abkehr vom System eines US-Dollar bezogenen Wechselkurssystems. Aufgrund der Probleme bei der praktischen Umsetzung eines solchen Währungssystems (z. B. das Verteilungsproblem: Goldbesitzer/Nichtbesitzer) dürfte eine geldpolitische Verankerung an die reale Größe ‚Gold' nicht realisierbar sein.

Weitergehende, eher auf spezielle Preisveränderungen zielende Größen können etwa rohstoffpreisindexierte Strategien sein. Hierbei sind allerdings zahlreiche Probleme zu beachten, u. a. die Wahl der Rohstoffgruppen und der adäquaten Rohstoffpreisrepräsentanten, der Währungsbasis und der adäquaten Gewichtung der Rohstoffe. Weitergehende Informationen zur geldpolitischen Strategie finden sich auch in Weeber, 2015.

3.4   Die Geldpolitik in der Eurozone – Instrumente

Zur Realisierung der gesetzten Ziele stehen der Geldpolitik verschiedene Instrumente zur Verfügung, die in der Öffentlichkeit bekanntesten lassen sich grob in zwei Gruppen zuordnen. Die grundsätzlichen Wirkungen dieser Instrumente sollten sein:

Volumeninstrumente Kreditinstitute haben mehr/weniger Geld zur Kreditvergabe zur Verfügung.

Preisinstrumente Der Preis für Geld (= Zins) verändert sich für die Kreditinstitute. Dadurch verteuert oder verbilligt sich der Bezug von Geld für die Kreditinstitute von der Zentralbank. Dabei ist es Ziel der Zentralbank, dass die Kreditinstitute diese Veränderungen an die Nichtbanken weitergeben.

Die jeweils wichtigsten Instrumente dieser Gruppen sind die Mindestreserve und das Quantitative Easing (Volumeninstrumente) sowie die Offenmarktpolitik und die ständigen Fazilitäten (Preisinstrumente).

• **Volumeninstrumente**

– **Mindestreserve**

Der Geldschöpfungsprozess im Euroraum wird u. a. dadurch begrenzt, dass die Kreditinstitute so genannte Mindestreserven bei der nationalen Zentralbank hinterlegen müssen. Mindestreserve ist für verschiedene Einlagen, Schuldverschreibungen und Geldmarktpapiere zu halten. Angaben zu den jeweiligen Größenordnungen finden sich in den Monatsberichten der Deutschen Bundesbank. Die Höhe des positiven Mindestreservesatzes betrug bis zum 18. September 2012 2 %, danach 1 %. Das ursprüngliche Ziel der Mindestreserve, die Kreditinstitute zu einer Reservehaltung für unvorhergesehene Mittelabflüsse zu verpflichten, wurde durch den geldpolitischen Zweck einer Begrenzung des Geldschöpfungsprozesses ergänzt. Dabei gilt: je niedriger/höher der Mindestreservesatz, desto größer/kleiner kann der Umfang der Kreditgewährung durch die Kreditinstitute sein, wenn nicht anderweitige geldpolitische Maßnahmen dem liquidisierenden Effekt einer solchen Mindestreserveänderung entgegenwirken. Die Mindestreserve bildet damit den Rahmen, innerhalb dessen die Preisinstrumente für die

Feinsteuerung der Zinssätze sorgen sollen. „In Zeiten struktureller Liquidi-
tätsknappheit trägt das Mindestreservesystem dazu bei, die Geldmarktsätze zu
stabilisieren und einen Bedarf nach Zentralbankgeld seitens des Bankensektors
zu schaffen" (Deutsche Bundesbank, 2022b). Eine nennenswerte geldpolitische
Bedeutung ist bisher von der Mindestreserve in der Währungsunion allerdings
nicht ausgegangen.

– **Quantitative Easing**

Wenn eine Zentralbank Ihre Leitzinsen bereits auf ein sehr niedriges Niveau
oder sogar auf 0 % gesenkt hat, werden zinspolitische Maßnahmen unwirksam.
Die Geldpolitik befindet sich in der von Keynes analysierten Liquiditätsfalle,
wonach bei einer vollkommen zinsunelastischen Investitionsnachfrage die Unternehmen trotz sinkender Finanzierungskosten keine Investitionen vornehmen.
Hierfür können zum einen pessimistische Absatzerwartungen der Unternehmen
verantwortlich sein. Zum anderen Banken, die trotz der Zinssenkungen durch
die Zentralbank kaum Kredite vergeben, weil sie in krisenhaften Situationen die
verbilligte Refinanzierung zur Stärkung der eigenen Bilanz nutzen.

Deshalb haben die großen Zentralbanken in den zurückliegenden Krisenzeiten
immer häufiger auf unkonventionelle geldpolitische Instrumente der monetären
Lockerung (Politik des ‚Quantitative Easing') zurückgegriffen. Diese Form geldpolitischer Maßnahmen ist einer breiten Öffentlichkeit durch die Formulierung
des ehemaligen EZB-Präsidenten Mario Draghi "Within our mandate, the ECB
is ready to do whatever it takes to preserve the euro. And believe me, it will
be enough" (Draghi, 2012) bekannt geworden. Mit dieser Formulierung hat nach
Meinung vieler Beobachter – vor allem außerhalb Deutschlands – Mario Draghi
den Euro während der sich zuspitzenden Krise der Europäischen Währungsunion
nach 2010 gerettet.

Im Rahmen eines Quantitative Easing stellen Zentralbanken durch den Ankauf
von Wertpapieren (z. B. Staatsanleihen, Unternehmensanleihen) den Banken,
nicht-finanziellen Unternehmen oder sogar dem Staat Liquidität unmittelbar zur
Verfügung. Die Zentralbank kauft dabei die entsprechenden Papiere etwa bei
einer Bank an und schreibt dieser den entsprechenden Gegenwert auf einem
Konto gut. Damit wird die im Umlauf befindliche Geldmenge erhöht, ohne dass
der Preis für diese Liquidität, der Zins, unmittelbar gesenkt wird – er befindet
sich ja bereits bei oder in der Nähe von Null.

Im Zuge der Finanz- und Wirtschaftskrise 2008/2009 hat auch die EZB
entsprechende unkonventionelle Instrumente in ihren potenziellen Maßnahmen-
katalog aufgenommen. Besonders umstritten sind dabei Programme zum Ankauf

von Staatsanleihen (Abb. 3.2). Während die Ankäufe auf dem Sekundärmarkt (Markt für bereits umlaufende Schuldtitel) auch von Kritikern akzeptiert werden, galten Ankäufe am Primärmarkt (Emissionsmarkt) bisher als verbotene monetäre Staatsfinanzierung.

Die Maßnahmen im Rahmen des Quantitative Easing wurden von zahlreichen vor allem deutschen Ökonomen und Geldpolitikern kritisch gesehen, wie etwa

Unkonventionelle Maßnahmen (Ankaufsprogramme) – Beispiele (jew. Startjahr)	
2009	Ankauf gedeckter privater Schuldverschreibungen, im Wesentlichen Pfandbriefe (Covered Bond Purchase Programme 1 = CBPP1)
2010	Ankauf von Anleihen – insbesondere von Staatsanleihen – am Sekundärmarkt (Securities Markets Programme = SMP)
2011	Ankauf gedeckter privater Schuldverschreibungen (Covered Bond Purchase Programme 2 = CBPP2)
2012	Ankündigung eines Ankaufsprogramms für Staatsanleihen mit kurzen Laufzeiten (Outright Monetary Transactions = OMT)
2014	Längerfristige Refinanzierungsgeschäfte (bis zu vierjährige Geschäfte; Angebot günstiger langfristiger Refinanzierungsgeschäfte zur Finanzierung des privaten Sektors (ohne Hypothekarkredite an private Haushalte); Refinanzierungsvolumen durch Netto-Neukreditvergabe an den privaten Sektor bestimmt (Targeted longer-term refinancing operations = TLTROs) Ankauf gedeckter privater Schuldverschreibungen (Covered Bond Purchase Programme 3 = CBPP3) Ankauf von realwirtschaftlich unterlegten Kreditverbriefungen (ABS Purchase Programme = ABSPP)
2015	Erweiterung bestehender Programme zum Ankauf von im Euroraum ansässigen Zentralstaaten, Emittenten mit Förderauftrag und europäischen Institutionen begeben Vermögenswerten (Asset Purchase Programme = APP)
2020	Zeitlich befristetes Ankaufprogramm für Anleihen öffentlicher und privater Schuldner; Pandemie-Notfallankaufsprogramm (Pandemic Emergency Purchase Programme = PEPP)
2022	Ankaufprogramm von Wertpapieren am Sekundärmarkt, die in Ländern begeben wurden, in denen eine Verschlechterung der Finanzierungsbedingungen nicht durch länderspezifische Fundamentalfaktoren begründet ist (Transmission Protection Instrument = TPI)

Abb. 3.2 Ankaufsprogramme der EZB

vom damaligen Präsidenten der Deutschen Bundesbank Axel A. Weber (exemplarisch Weber, 2010, S. 6). Nach Berechnungen des Sachverständigenrates zur Begutachtung der gesamtwirtschaftlichen Entwicklung, könnten durch die jüngsten Programme zum Ankauf von Schuldtiteln des öffentlichen Sektors bei mehreren Eurostaaten mehr als ein Drittel der öffentlichen Gesamtverschuldung durch die Zentralbanken des Eurosystems gekauft worden sein (Sachverständigenrat zur Begutachtung der gesamtwirtschaftlichen Entwicklung, 2021, S. 135) und damit mithin eine Finanzierung von Staatsschulden durch die Zentralbanken vorliegen. Ob eine solche Finanzierung staatlicher Kredite nach den Regularien der Europäischen Währungsunion statthaft ist, war Gegenstand juristischer Auseinandersetzungen – u. a. auf höchster Ebene zwischen dem Bundesverfassungsgericht einerseits und dem Europäischen Gerichtshof andererseits.

Mit der Verschärfung des Preisklimas bereits Mitte 2021 wurde zunehmend kritisch über die laufenden Ankaufsprogramme gesprochen. Mit Beschluss des EZB-Rates wurde schließlich die Einstellung des Nettoerwerbs von Vermögenswerten im Rahmen des APP zum 1. Juli 2022 angekündigt. Die Tilgungsbeträge der im Rahmen des PEPP-Programms erworbenen Wertpapiere sollen mindestens bis Ende 2024 bei Fälligkeit wieder angelegt werden. Zudem wurde zum Zeitpunkt der Fertigstellung dieser Zeilen ein zusätzliches Instrument Kaufprogramm beschlossen – das TPI (Transmission Protection Instrument), das als Ziel den jüngsten Zinsanstieg für hoch verschuldete Eurostaaten erträglicher machen soll. Ein solches Programm soll die so genannte Fragmentierung der Eurozone vermeiden – also das Auseinanderlaufen von Renditen auf Staatsschulden zwischen den einzelnen Eurostaaten unterbinden. Dass die Gefahr für bereits hochverschuldete Staatshaushalte durch steigende Zinssätze durchaus real ist, zeigen jüngste Ergebnisse von (ehemaligen) Mitgliedern des Sachverständigenrat zur Begutachtung der gesamtwirtschaftlichen Entwicklung (Grimm et al., 2022). Hohe Staatsschulden werden bei steigenden Zinssätzen zur Gefahr für die Finanzmarktstabilität und darüber hinaus.

• **Preisinstrumente (Offenmarktpolitik/ständige Fazilitäten)**

In dieser Instrumentengruppe geht es im Wesentlichen um die Gestaltung der sogenannten Leitzinsen und um die dadurch ausgelösten Impulse für den Geld- und Kapitalmarkt. Durch die Veränderung ihrer Zinssätze will die Zentralbank die Liquiditätssteuerung beeinflussen und den Marktteilnehmern ihren geldpolitischen Kurs signalisieren. Dies geschieht in der Regel durch Veränderung der Bedingungen, zu denen sie bereit ist, Transaktionen mit Kreditinstituten durchzuführen.

– Offenmarktpolitik

Damit werden Geschäfte zwischen Zentralbank und Kreditinstituten bezeichnet, die mit Wertpapieren ‚abgesichert' werden, die auch am offenen und für jeden frei zugänglichen Markt handelbar sind (z. B. Schuldtitel der öffentlichen Hand oder internationaler Organisationen). Im Zentrum der Offenmarktpolitik stehen die Hauptrefinanzierungsgeschäfte. Dabei stellt die Zentralbank den Kreditinstituten gegen Sicherheiten (vorher festgelegte marktfähige und nicht marktfähige Schuldtitel) regelmäßig Liquidität mittels Kreditgewährung zur Verfügung und hierfür erhebt die Zentralbank einen Zins. Solche Geschäfte finden in wöchentlichem Abstand und mit einer Laufzeit von einer Woche statt (bis März 2004 betrug die Laufzeit zwei Wochen). Diese Transaktionen werden von den nationalen Zentralbanken im Rahmen von sogenannten Tenderverfahren durchgeführt. Ein großer Teil der Refinanzierung des Eurosystems wird in normalen Zeiten in dieser Form durchgeführt. Zur Signalisierung des geldpolitischen Kurses dient der festgelegte Hauptrefinanzierungssatz, der auch als wichtigster Leitzins gilt. Dies ist der Zins, der von den Instituten an die Zentralbank gezahlt werden muss, wenn das Institut diese Form der Refinanzierung bei den Zentralbanken in Anspruch nimmt. Seit März 2016 betrugt dieser 0 %. Mit Entscheidung des EZB-Rates vom 21. Juli 2022 wurde der Zinssatz für diese Geschäfte seit über zehn Jahren wieder angehoben und zwar auf 0,5 %.

Tenderverfahren dienen zur Verteilung von (Zentralbank)geld an die Kreditinstitute. Von Anfang 1999 bis Mitte 2000 wurden die Hauptrefinanzierungsgeschäfte als **Mengentender** durchgeführt. Dabei legt die EZB den Zinssatz fest und die Kreditinstitute geben das Volumen an, das sie zu diesem Zinssatz ausleihen wollen. Die EZB gibt aber insgesamt nur einen Höchstbetrag ab. Übersteigt die Nachfrage diesen Maximalbetrag, wird die Zuteilung quotiert. Im Zuge des Zusammenbruchs des Interbankenmarktes (Handel von Geld zwischen Kreditinstituten) im Zuge der Insolvenz von Lehman Brothers kam es zu einer Verknappung der Liquidität bei zahlreichen Kreditinstituten. Daher beschloss der EZB-Rat die Wiedereinführung des Mengentenders. Diesmal aber ohne Quotierung, sondern mit vollständiger Zuteilung zum Zinssatz für die Hauptrefinanzierungsgeschäfte.

Beim alternativen **Zinstender** (mit Mindestbietungssatz) geben die Kreditinstitute neben dem gewünschten Volumen auch – unter Beachtung eines von der EZB festgelegten Mindestbietungssatzes – den Zinssatz an, zu dem sie das Hauptrefinanzierungsgeschäft abschließen wollen. Die EZB teilt aber insgesamt nur ein maximales Volumen zu. Aus dem Verhältnis des nachgefragten und angebotenen Zentralbankgeldes wird schließlich der marginale Zinssatz ermittelt (Zinssatz, zu dem die letzte Einheit Zentralbankgeld an die Kreditinstitute ‚verliehen' wird). Im Vergleich zum Mengentender können mit diesem Verfahren von der Zentralbank die Markttendenzen zwischen Kreditbanken und Nichtbanken (benötigtes Geldvolumen und zu welchem Zinssatz) besser erfasst werden. Der Zinssatz für die Zuteilung kann grundsätzlich nach zwei Möglichkeiten erfolgen. dem holländischen oder amerikanischen Verfahren. Zur Verdeutlichung der Tenderverfahren dienen Beispiele aus Europäische Zentralbank 2011, Anlage 1.

Die Verwendung des entsprechenden Tenderverfahrens geht über die rein technische Betrachtung hinaus, da hinter dem spezifischen Tenderverfahren geldpolitische Implikationen stehen. So haben sich seit Beginn der Währungsunion bezüglich des verwendeten Verfahrens Änderungen ergeben (Abb. 3.3):

Der Wechsel zur Mitte des Jahres 2000 war durch einen deutlichen Gebotsüberschuss durch die Kreditinstitute in der ersten Jahreshälfte 2000 gekennzeichnet – der Repartierungssatz lag zeitweise unter einem Prozent. Dies war darauf zurückzuführen, dass die Kreditinstitute mit steigenden Zinssätzen rechneten und die kurzfristigen Geldmarktsätze deutlich über dem Hauptrefinanzierungssatz lagen. Für die Änderung im Zuge der Finanz- und Wirtschaftskrise 2008 war dagegen vor allem die von der EZB erwünschte ausreichende Liquiditätsversorgung des Bankensektors verantwortlich.

Neben den Hauptrefinanzierungsgeschäften sind bei der Offenmarktpolitik auch noch längerfristige Refinanzierungsgeschäfte relevant. Mit diesen

Von - Bis	Mengentender (Festzinssatz)	Zinstender (mit Mindestbietungssatz)
07.01.1999 - 21.06.2000	X (mit quotierter Zuteilung)	
28.06.2000 - 08.10.2008		X
Seit 15.10.2008	X (mit voller Zuteilung)	

Abb. 3.3   Tenderverfahren der EZB

Geschäften wird den Marktteilnehmern längerfristige Liquidität zur Verfügung gestellt und damit verhindert, dass die gesamte Liquidität jede Woche umgeschlagen werden muss (Ziel der Grundversorgung der Banken mit Zentralbankgeld). Gleichzeitig soll damit der Zugang zu längerfristigen Finanzierungsmitteln ermöglicht werden – was die Preis- und Kostenkalkulation der Kreditinstitute erleichtert. Im Zuge des Zusammenbruchs des Interbankenmarktes wurde das Spektrum der längerfristigen Refinanzierungsgeschäfte erweitert, damit sich für Kreditinstitute die Basis der planbaren Liquidität verbreitert. Die bisher längsten Laufzeiten solcher Geschäfte belief sich auf bis zu vier Jahren. Eine Übersicht über die verschiedenen Geschäfte findet sich z. B. unter https://www.bundesbank.de/de/aufgaben/geldpolitik/offenmarktgesch aefte/zusaetzliche-laengerfristige-refinanzierungsgeschaefte.

– **Ständige Fazilitäten**

Ebenfalls zur geldpolitischen Orientierung dienen die Zinssätze für die Spitzenrefinanzierungsfazilität und die Einlagefazilität. Beide Fazilitäten können von den Kreditinstituten bei der Zentralbank auf eigene Initiative über Nacht zu einem vorgegebenen Zinssatz in Anspruch genommen werden. Bei der Spitzenrefinanzierungsfazilität wird den Kreditinstituten Liquidität gegen entsprechende Sicherheiten zur Verfügung gestellt, bei der Einlagefazilität können die Kreditinstitute überschüssige Guthaben bei den nationalen Zentralbanken zu einem festen Zins anlegen. In geldpolitisch ,normalen' Zeiten war dieser positiv.

Die Zinssätze beider Fazilitäten bilden einen Zinskorridor, in dem sich die Zinsen am Geldmarkt bewegen. Der Zinssatz für die Spitzenrefinanzierungsfazilität ist höher als der Satz im Hauptrefinanzierungsgeschäft. Er bildet die Obergrenze für den Tagesgeldsatz, da keine Bank, die ausreichend Sicherheiten hat, am Geldmarkt mehr zahlen wird, als sie bei der Zentralbank für einen Übernachtkredit bezahlen muss. Der Zinssatz für die Einlagefazilität ist niedriger als der Satz für die Spitzenrefinanzierungsfazilität bzw. für das Hauptrefinanzierungsgeschäft. Er bildet die Untergrenze des Tagesgeldsatzes. Kein Kreditinstitut wird sich bei der Geldausleihe mit weniger Zinsen begnügen, als es bei einer Anlage bei der Zentralbank von dieser erhält. Aufgrund dieser Eigenschaften als Korridorbegrenzung ist die Inanspruchnahme beider Fazilitäten in Normalzeiten für Kreditinstitute zwar außerordentlich unattraktiv. Auf diese Weise tragen aber die ständigen Fazilitäten auch dann zur Stabilisierung der Geldmarkt- und Liquiditätsbedingungen und damit zur Durchsetzbarkeit der Geldpolitik bei, selbst wenn sie von den Instituten aktiv nicht genutzt werden. Die Breite des Zinskorridors bestimmt dabei wesentlich die Anreize für die Geldmarktaktivität, das heißt den horizontalen Liquiditätsausgleich zwischen den Banken über den Interbanken-Geldmarkt.

Da das Misstrauen zwischen den Kreditinstituten im Zuge der Finanz- und Wirtschaftskrise 2008/2009 aber außerordentlich groß war, wurde überschüssige Liquidität von den einzelnen Kreditinstituten sicher bei den Zentralbanken gehortet. Dies zeigte sich an dem sprunghaften Anstieg der Inanspruchnahme der Einlagefazilität nach dem 15. September 2008, also nach der Insolvenz der Investmentbank Lehman Brothers, die quasi als Katalysator der krisenhaften Entwicklung auf den Finanzmärkten gewirkt hat. Während normalerweise weniger als eine Mrd. Euro als Einlagefazilität bei der EZB hinterlegt wurden, stiegen die Einlagen der Banken bei den nationalen Zentralbanken des Eurosystems sprunghaft an – im Januar 2009 lag das Volumen der ,geparkten' Mittel bei über 300 Mrd. EUR. Im Zuge der Unsicherheiten bezüglich der Krise um Griechenland wurde schließlich der damalige Höchststand von über 771 Mrd. EUR im Mai 2012 erreicht. Insofern kann die Inanspruchnahme der Einlagefazilität auch als ein Indikator für die Unsicherheit der Marktteilnehmer auf den Finanzmärkten gesehen werden (,Angstkasse'). Zur Mitte 2022 waren ebenfalls hohe Bestände in der Einlagefazilität vorhanden.

Die EZB hatte mit Wirkung zum 11. Juni 2014 eine Negativverzinsung für die Einlagefazilität eingeführt – seit September 2019 lag sie bei −0,5 %. Ziel des damals ungewöhnlichen Schrittes eines negativen Einlagezinses war es, das Halten von Geld auf dem Zentralbankkonto unattraktiv zu machen und die Kreditinstitute zu einer erhöhten Kreditvergabe durch die von der EZB bereitgestellte Liquidität zu bewegen. Aus heutiger Sicht ist der Erfolg dieser Maßnahme eher umstritten. So wird angenommen, dass der konjunkturelle Impuls durch die angepeilte stärkere Kreditnachfrage in einigen Staaten der Währungsunion aufgrund der schwierigen wirtschaftlichen Rahmenbedingungen der begrenzende Faktor wurde. Zudem wurden die höheren Kosten durch die Banken häufig in Form so genannter Verwahrentgelte an die Kunden weitergegeben. Die EZB hat inzwischen das Ende der Negativverzinsung verkündet. Eine umfassende volkswirtschaftliche Analyse über die Kosten-Nutzen-Relation der Negativzinspolitik dürfte schwierig werden. Die jeweils gültigen Sätze für die Leitzinsen sind unter den Internetseiten der Deutschen Bundesbank (www.bundesbank.de) und der EZB (www.ecb.int) zu erfahren.

Seit der Bekämpfung der Finanz- und Wirtschaftskrise und verlängert durch das Auftreten der Corona-Pandemie (etwa durch das Pandemie-Notfallankaufprogramm) wurde von den Zentralbanken eine expansive Geldpolitik betrieben. Zwar war diese Politik nicht Auslöser für die derzeitige Verschärfung des Preisklimas in Deutschland und in den Staaten der Eurozone insgesamt (vgl. dazu ausführlicher Kap. 4), die anziehenden Inflationsraten für Verbraucher sowie rasant steigende Preissteigerungen auf vielen anderen Märkten (etwa in der Baubranche) haben aber die Frage nach einer Exit-Strategie aus der expansiv wirkenden Geldpolitik der EZB aufkommen lassen. Welche grundsätzlichen Möglichkeiten gibt es für Zentralbanken im Rahmen einer solchen Strategie, um eine überschüssige Liquiditätsversorgung zumindest grob abschöpfen zu können? Hierzu bieten sich folgende Möglichkeiten an:

• Kürzung der Refinanzierungskredite an inländische Banken: Dabei werden die auslaufenden Refinanzierungsgeschäfte der Zentralbank entweder nicht verlängert oder die Zuteilungsmenge schrittweise reduziert. Zudem können die im Rahmen dieser Geschäfte von den Banken zu zahlenden Zinssätze schrittweise angehoben werden.
• Beendigung der Politik des Quantitative Easing: Zentralbanken haben durch den Ankauf von Wertpapieren (z. B. Staatsanleihen, Unternehmensanleihen) den Banken, dem Staat oder den Unternehmen Liquidität unmittelbar zur Verfügung gestellt. Die Zentralbanken kauften dabei die entsprechenden Papiere etwa bei einer Bank an und schrieben dieser den Gegenwert auf einem Konto gut. Damit wurde die im Umlauf befindliche Geldmenge erhöht. Im Umkehrschluss würde durch den Verkauf dieser Wertpapiere oder durch die Ausgabe neuer Schuldverschreibungen diese Geldmenge wieder reduziert.
• Anhebung der Mindestreservesätze: Da für die Banken die Pflicht besteht, u. a. für verschiedene Einlagen eine Mindestreserve zu halten, wäre prinzipiell auch eine Anhebung der Mindestreservesätze möglich, um Überschussreserven dem Geldkreislauf zu entziehen. Allerdings stellt diese Maßnahme ein sehr grobes Instrument der Geldpolitik dar. Hier besteht die Gefahr, dass dem Markt abrupt zuviel Liquidität entzogen wird (Gefahr der Rezession).
• Verkauf von Devisen und Ankauf heimischer Währung (aber mit Auswirkungen auf den Wechselkurs: von der EZB wird dieses Instrument daher offiziell weniger präferiert).

Aber auch der richtige Zeitpunkt ist für den Start der Exit-Strategie wichtig. Beginnt die Zentralbank zu spät mit dem Ausstieg, dann droht ein dauerhafter Verbleib überschüssigen Geldes im Wirtschaftskreislauf (Inflationsgefahren; Grundstein für neue Spekulationsblasen). Wird dagegen die Politik des billigen Geldes zu früh gestoppt, besteht die Gefahr, dass eine sich gerade stabilisierende Realwirtschaft durch eine Verknappung der Kreditvergabe wiederum in eine konjunkturelle Abwärtsbewegung einmündet. Inwieweit sich die in Aussicht

gestellten weiteren Zinsanhebungen sowie das TPI-Programm auf die realwirtschaftlichen Prozesse in den Mitgliedstaaten der Eurozone auswirken, bleibt
abzuwarten.

Transmissionsmechanismus – Übertragungswege geldpolitischer Impulse
Die Auswirkungen von Zinsveränderungen auf den realen Wirtschaftsprozess und
das Preisniveau werden im Rahmen des Transmissionsmechanismus beschrieben. Dabei wird zwischen verschiedenen Wirkungskanälen unterschieden (wobei
exemplarisch die ausführliche Darstellung einer idealtypischen Wirkungskette nur
anhand des Investitionskanals gezeigt wird):

*   **Investitionskanal**

Ausgangspunkt der Überlegung soll ein bereits zu hohes Preisniveau sein. In einer
solchen Situation könnte (auch wenn hierfür kein Automatismus vorgesehen ist)
die Zentralbank die Leitzinsen anheben. Da die Kreditinstitute für Zentralbankgeld
höhere Zinsen bezahlen müssen, geben sie diese Anhebungen an die investieren-
den Unternehmen bei einer Kreditaufnahme weiter. Die Aufnahme von Krediten ist
weniger attraktiv und tendenziell führt dies zu einer rückläufigen Kreditnachfrage.
Dadurch sinkt auch die Nachfrage der privaten Haushalte, da für den Investiti-
onsgüterbereich und die hier tätigen Arbeitnehmer/Arbeitgeber die Gefahr einer
sinkenden realen Produktion mit einer daraus verschlechterten Arbeitsmarktlage
besteht – mit Auswirkungen auf den Konsum. Aufgrund der rückläufigen Nachfrage nach Gütern entspannt sich tendenziell das angespannte Preisklima. Das Ziel
der Zentralbank wird erreicht.

*   **Konsumkanal**

Auch die Finanzierung von Konsum der privaten Haushalte über eine Kreditaufnahme wird durch die Anhebung der Kreditzinsen erschwert. Hinzu kommt,
dass eine höhere Guthabenverzinsung den Kauf von Waren und Dienstleistungen unattraktiver macht. Sparen wird dadurch also tendenziell eher begünstigt.
Für die staatlichen Konsum- und Investitionsausgaben ergeben sich ähnliche
Schlussfolgerungen.

*   **Vermögenskanal**

Zinsveränderungen der Zentralbank führen zu Wertveränderungen bei Vermögenswerten (Aktien, Anleihen), was wiederum Auswirkungen auf Konsum und

Investitionen hat. Steigen z. B. tendenziell die Zinsen für festverzinsliche Wertpapiere, hat dies einen eher negativen Effekt auf Aktien. Vermögensänderungen
haben so Einfluss auch auf die Nachfrage nach Konsum- und Investitionsgüter.
Eine übermäßige Geldversorgung, die über den für einen realwirtschaftlichen Aus-
gleich von Angebot und Nachfrage nach Waren und Dienstleistungen hinausgeht,
vergrößert die Gefahr für Vermögenspreisblasen. Diese können eine Gefährdung
für die Finanzmarktstabilität darstellen.

• **Wechselkurskanal**

Zinsanhebungen/-senkungen können auch Auswirkungen auf den Wechselkurs
einer Währung haben – woraus wiederum Preisveränderungen und Einflüsse auf die
reale Produktionstätigkeit resultieren. Dieser Effekt ist aus der Zinsparitätentheorie
bekannt, wonach aus Zinsdifferenzen für Anleihen, Kapitalbewegungen resultieren,
die zu Nachfrage- und Angebotsänderungen auf den Devisenmarkt führen – und
schließlich Wechselkurse zwischen Währungen verändern.

Die Rolle der Glaubwürdigkeit
Die Wirkung der Geldpolitik auf den Wirtschaftsprozess kann sich auch aus der Ein-
flussnahme auf die langfristigen Erwartungen des privaten Sektors ergeben. So kann
eine mit einer großen Reputation und damit mit einer glaubwürdigen Geldpolitik
ausgestattete Zentralbank einen starken direkten Einfluss auf die Preisentwicklung
ausüben, indem sie die Erwartungen der Wirtschaftsakteure hinsichtlich der künftigen Inflationsentwicklung lenkt und damit deren Lohn- und Preissetzungsverhalten
beeinflusst. Die Marktteilnehmer müssen also nicht aus Angst vor einem Verlust an
Preisstabilität in der Zukunft ihre Lohn- und Preisforderungen nach oben anpassen,
wenn die Zentralbank in der Lage ist und sich in der Pflicht sieht, die Preise stabil
zu halten. Die Inflationserwartungen werden dann auf einem stabilitätsgerechten
Niveau verharren.

Die Glaubwürdigkeit einer Zentralbank beruht dabei auf der Erläuterung und
Rechtfertigung ihrer Entscheidungen. Große Transparenz kann mithilfe einer intensiven Kommunikation mit Bürgern und der Regierung erfolgen. Hierzu dienen
Vorträge und die Pressekonferenzen der geldpolitisch Verantwortlichen, regelmä-
ßige Publikationen (Monatsberichte) sowie der Dialog mit Wissenschaftlern. Im
Rahmen der Glaubwürdigkeitsdebatte zur Geldpolitik der EZB wurde bereits zu
Beginn der Währungsunion einer verstärkt auf die Zukunft gerichteten Kommunikation eine größere Bedeutung zugewiesen. Seit 2013 verwendet die EZB – wie auch
andere Zentralbanken – ein zusätzliches Instrument, die Forward Guidance. Hierdurch kommunizieren Zentralbanken ihre künftigen geldpolitischen Absichten, die

auch auf Einschätzungen hinsichtlich der Aussichten für die Preisstabilität beruhen. Damit wirkt die Forward Guidance wie ein geldpolitisches Instrument, indem sie Erwartungen bei den Wirtschaftsteilnehmern schürt. Zudem werden von der EZB in ihrem Monatsbericht vierteljährlich Projektionen zur Wachstums- und Inflationsentwicklung für die kommenden zwei Jahre veröffentlicht. Aber auch nationale Zentralbanken, wie die Deutsche Bundesbank, kommunizieren regelmäßig ihre Einschätzung über die wirtschaftliche Entwicklung für die nahe Zukunft.

Durch diese Form der Kommunikation soll den Marktteilnehmern und der Öffentlichkeit eine noch umfassendere und noch verbindlichere Sicht auf die Geldpolitik und ihrer Einschätzung auf die zu erwartende Preisentwicklung gegeben werden. Ziel ist die Beruhigung der Märkte und die Lenkung der Erwartung von Kreditinstituten und Nichtbanken. Dies soll über Ankündigungen der Zentralbanken hinsichtlich neuer Informationen zur weiteren Entwicklung der Leitzinsen (z. B. die Ankündigung, die Leitzinssätze langfristig niedrig zu halten) oder anderer geldpolitischer Instrumente die Unsicherheiten über die weitere Geldpolitik reduzieren und so Auswirkungen auf die langfristigen Zinssätze haben.

Glaubwürdigkeit und Vertrauen sind zudem ergänzende Maßnahmen im Zusammenhang mit der Überwindung von Krisensituationen. Hierzu trägt auch die Teilnahme von Zentralbanken in den verschiedenen Beratungs- und Stabilitätsgremien bei. In diesen Gremien geht es vor allem um die Vermeidung zukünftiger oder die Bewältigung akuter (Finanzmarkt)Krisen. So ist etwa die Deutsche Bundesbank Mitglied im Finanzstabilitätsrat (Financial Stability Board – FSB), der im Februar 1999 von den Finanzministern und Zentralbankgouverneuren der G7 basierend auf Vorschlägen des damaligen Bundesbankpräsidenten Hans Tietmeyer als Financial Stability Forum (FSF) gegründet wurde Der FSB soll Schwachstellen des internationalen Finanzsystems identifizieren, Vorschläge zu ihrer Beseitigung unterbreiten und deren Umsetzung überwachen. Krisenhafte Szenarien in Verbindung mit der Geldpolitik könnten sich etwa aus folgenden Entwicklungen ergeben:

• Blasenhafte Entwicklungen bei Vermögenspreisen (Aktien, Anleihen, Rohstoffe, Immobilien) durch eine übermäßige Liquiditätsversorgung: In der Entstehung solcher Vermögenspreisblasen liegen nicht nur die Anfänge der Finanz- und Wirtschaftskrise 2008/2009, sondern auch in der Historie zeigen sich immer wieder solche Entwicklungen. Damit ist die Berücksichtigung von Vermögenspreisen bei geldpolitischen Entscheidungen erforderlich.

• Ein dauerhaftes Niedrigzinsumfeld oder drastisch ansteigende Zinssätze: so belastet ein dauerhaftes Niedrigzinsumfeld den Zinsüberschuss von Banken, da gut verzinste Anlagen durch niedrigverzinste Aktive ersetzt werden. Damit ist nicht auszuschließen, dass Banken riskantere Ertragsquellen in ihr Portfolio zu suchen (Search for Yield). Damit besteht die Gefahr latenter Vermögens-preisblasen, insbesondere bei gleichgerichtetem Verhalten der Investoren. Bei geringen Margen und flachen Zinsstrukturkurven wird zudem der Anreiz erhöht, die Zinsstruktur über vermehrte Fristentransformation verstärkt auszunutzen, um der Minderung des Zinsergebnisses entgegenzuwirken (und sich damit ver-letzlicher gegen plötzliche Zinssteigerungen zu machen). Kräftige und schnelle Zinsanhebungen erhöhen die Gefahr von Zinsänderungsrisiken.

Inflation 4

Die Beibehaltung des Geldwertes ist eine der wichtigsten Aufgaben der Ökonomie. Die größten Wirtschaftskrisen des vergangenen Jahrhunderts sind eng verbunden mit drastischen Veränderungen der Kaufkraft des Geldes. Begriffe, wie ,Hyperinflation' und ,Deflation' stehen für Massenarbeitslosigkeit und Verelendung ganzer Nationen. Besonders auch die Menschen in Deutschland erlebten die Folgen starker Preisveränderungen. Sowohl die Hyperinflation in den Jahren 1922/1923 als auch die große Deflation Ende der 20er Jahre/Anfang der 30er Jahre des letzten Jahrhunderts brachten Not und Elend über die Menschen. Diese Erfahrungen haben schließlich ihren Niederschlag in Gesetzen gefunden – etwa im ,Gesetz zur Förderung der Stabilität und des Wachstums der Wirtschaft' (sog. Stabilitätsgesetz, 1967) oder im Gesetz für die Deutsche Bundesbank von 1957, in dem die Unabhängigkeit der Deutschen Bundesbank und das Ziel „die Währung zu sichern" (§ 3) festgelegt wurden. Mit der Einführung des Euro wurde diese Aufgabe wie in Kap. 3 beschrieben auf die EZB und die nationalen Zentralbanken des Euroraums übertragen.

Wie wird eigentlich Preisstabilität gemessen? Welche Auswirkungen resultieren aus hohen Preissteigerungsraten? Welche Möglichkeiten gibt es, um auf Verschärfungen des Preisklimas zu reagieren? Diese Fragen sollen in diesem Kapitel angesprochen werden.

4.1 Inflationsmessung

Zur Klassifikation von Geldwertveränderungen haben sich folgende Definitionen gebildet:

© Der/die Autor(en), exklusiv lizenziert an Springer Fachmedien Wiesbaden GmbH, ein Teil von Springer Nature 2022
J. Weeber, *Zentralbanken, Geld und Inflation*, essentials,
https://doi.org/10.1007/978-3-658-39068-6_4

- Inflation

Damit wird ein anhaltender Anstieg des Preisniveaus (positives Vorzeichen der Inflationsrate) bzw. ein Sinken der Kaufkraft des Geldes gleichgesetzt. Je nach Tempo des Preisanstieges bzw. des Kaufkraftverlustes wird zusätzlich zwischen schleichender, trabender und galoppierender Inflation (Hyperinflation) unterschieden. Zwar gibt es keine exakte Abgrenzung für diese drei Begriffe, nach Cagan wird aber von Hyperinflation gesprochen, wenn die monatliche Preissteigerungsrate 50 % überschreitet (Cagan, 1956).

- Disinflation

Bei der Disinflation liegen wie bei der Inflation positive Steigerungsraten vor, jedoch werden diese immer kleiner bzw. sind auf einem sehr niedrigen positiven Niveau. Es findet also weiterhin ein Verlust an Kaufkraft statt.

- Deflation

Zwei Aspekte sind für das Vorliegen einer Deflation zu beachten: zum einen die Entwicklung des gesamtwirtschaftlichen Umfeldes, z. B. hinsichtlich der Produktion von Waren und Dienstleistungen, der Aktienkurse und der Beschäftigungssituation. Zum anderen wird Deflation, bezogen auf die Preisentwicklung, als ein Sinken des Preisniveaus und damit als Unterschreitung der Grenze für Preisstabilität definiert. Strittig ist hierbei, bei welchem Wert Preisstabilität vorliegt. Wird vom Konzept einer ‚Null-Inflation' ausgegangen, ist der Wert eindeutig: Null. Für die EZB liegt dagegen Preisstabilität vor, wenn ein Anstieg des HVPI nach der Überprüfung der geldpolitischen Strategie von 2021 für den Währungsraum von mittelfristig 2 % erreicht wird. Bei der Erreichung dieses Wertes kann daher im Sinne der Zielvorstellung der EZB für den gesamten Währungsraum von einer Stabilität des Preisniveaus gesprochen werden. Eine Deflation könnte danach bereits dann vorliegen, wenn die Preissteigerungsraten zwar sinken und deutlich unter 2 % liegen, aber noch ein positives Vorzeichen aufweisen. Darüber hinaus ist auch strittig, welcher Zeitraum betrachtet wird. Ein kurzfristiges Unterschreiten der Grenze der Preisstabilität, etwa für wenige Monate, wird nicht als Deflation bewertet. Unstrittig liegt dagegen Deflation vor, wenn es zu negativen Inflationsraten über einen langen Zeitraum gibt.

Welche Indikatoren werden zur Messung der Veränderung des Preisniveaus verwendet? Zwar werden zur Einschätzung des Preisklimas zahlreiche Preisindikatoren vom zuständigen Statistischen Bundesamt beobachtet. Die wichtigste

Messgröße für die interessierte deutsche Öffentlichkeit sowie für die hiesige Medienwelt ist aber der Verbraucherpreisindex für Deutschland (VPI), zeigt er doch die Veränderung der Kaufkraft des Geldes für den inländischen Konsumenten an. Für die Geldpolitik im Euro-Raum ist der entsprechende HVPI relevant, der Preisänderungen für die Staaten der Europäischen Union vergleichbar macht und zu einer Gesamtinflationsrate für die Eurozone aber auch für die Staaten der Europäischen Union insgesamt zusammengefasst wird.

Dabei resultieren aus der Form der Datenerhebung und der Art der Inflationsratenberechnung Messprobleme, die dazu führen, dass auch aus diesen Gründen Inflationsraten von nahe ‚Null' von Seiten der Zentralbanken nicht angestrebt werden. Wegen solcher Schwierigkeiten in der Erfassung, geht man daher häufig von einer Marge der Veränderung der berechneten Inflationsrate aus, innerhalb derer nicht oder nur bedingt von Inflation gesprochen wird. Diese Unschärfen der Preismessung resultieren aus dem spezifischen Aufbau des Messverfahrens. So liegt dem VPI die durchschnittliche Ausgabenstruktur aller privaten Haushalte zugrunde. Da eine vollständige Erfassung sämtlicher Preise aller angebotenen und von den privaten Haushalten gekauften Waren und Dienstleistungen nicht möglich ist, ermittelt das Statistische Bundesamt einen repräsentativen Warenkorb. Dieser Warenkorb basiert u. a. auf Verbrauchsstichproben, aus denen die Zusammensetzung der konsumierten Waren und Dienstleistungen des durchschnittlichen Haushalts für ein bestimmtes Jahr, dem Basisjahr, ermittelt wird. Auf dieser Grundlage gehen die Preise der in diesem Warenkorb enthaltenen Produkte – gewichtet mit deren Anteilen an den Gesamtausgaben der privaten Haushalte – in den VPI ein. Dieses Wägungsschema bleibt dann bis zur nächsten Berechnung der neuen Preisbasis konstant, i. d. R. findet alle fünf Jahre eine Überarbeitung statt. Der Warenkorb selbst wird allerdings laufend aktualisiert, wenn es zu einer Änderung der aktuell relevanten Produktvarianten kommt.

Die Deutsche Bundesbank hat im Rahmen der Neuformulierung der geldpolitischen Strategie der EZB eine Schätzung für Messfehler aus der VPI und auch HVPI Berechnung vorgenommen. Vor allem verzögerte Anpassungen bei Ausgabengewichtsverschiebungen im Zuge von Verhaltensänderungen, Verzerrungen, die daraus resultieren, dass neue Produkte erst verspätet in den Warenkorb aufgenommen werden oder die Verwendung statistischer Verfahren, die qualitative Verbesserungen von Produkten nicht exakt identifizieren können, dürften die tatsächliche Preisentwicklung nicht vollständig zutreffend abbilden (Herzberg et al., 2021).

Die Kritik an der offiziellen Art der Preismessung ist allerdings nicht neu. Vor allem seit der Umstellung des nationalen Bargeldes der beteiligten Staaten an der Eurozone am 1. Januar 2002 auf die Gemeinschaftswährung Euro hat die Skepsis gegenüber der offiziellen Preisstatistik zugenommen – vor allem in Deutschland. Es wurde der Vorwurf erhoben, die vom Statistischen Bundesamt berechnete Inflationsrate würde die tatsächliche Teuerung auf der Verbraucherstufe unterzeichnen. Vor diesem Hintergrund hat das Thema der ‚gefühlten Inflation' einen breiten Raum in dieser kritischen Berichterstattung eingenommen. Die Kernidee hierbei ist, dass die Wahrnehmung von Preisveränderungen – nach Erkenntnissen der Wahrnehmungspsychologie zur subjektiven Inflationswahrnehmung der Konsumenten – unterschiedlich ausgeprägt ist. So werden Preiserhöhungen deutlich eher und stärker wahrgenommen als Preissenkungen von Waren und Dienstleistungen.

Preisindices, die die gefühlte Inflation messen wollen, stellen zudem auf die Ermittlung der Kaufhäufigkeit von Waren und Dienstleistungen ab, während sich etwa der VPI an Ausgabenanteilen orientiert. Steigen dann die Preise für häufig gekaufte (möglicherweise in den statistischen Indices aber nicht besonders stark ins Gewicht fallende) Produkte stark an, wird dies das subjektive Preisempfinden beeinflussen, vor allem dann, wenn Preissteigerungen höher bewertet werden als Preissenkungen. Als Ergebnis liegt die gefühlte Inflation teilweise über den Werten für die statisch ermittelte Preisveränderung, selten darunter. Das Statistische Bundesamt ermöglicht Interessierten auf seiner Internetseite die Ermittlung einer quasi-persönlichen Teuerungsrate auf der Basis des individuellen Konsumverhaltens.

Allerdings ist die Konzentration auf die bisherigen Komponenten der Verbraucherpreismessung Teil einer intensiven kontroversen Diskussion. So hat beispielsweise die EZB in ihrer Neufassung der geldpolitischen Strategie hierauf reagiert und eine Erweiterung seines Spektrums ‚an breiter gefassten Inflationsmessgrößen' für den HVPI angekündigt – etwa durch die mittelfristige Einbeziehung von Kosten für selbst genutztes Wohneigentum. Weitergehende, aber im Rahmen der Neuausrichtung der EZB-Politik nicht berücksichtigte Erweiterungen hinsichtlich der Inflationsmessung stellen Vermögenspreise dar. Ausgangspunkt dieser Diskussion war die Beobachtung, dass die Ausweitung der Bilanzsumme der EZB sich jahrelang nicht in einer Ausweitung der Geldmenge und auch nicht in einem Anstieg der Verbraucherpreise niederschlug.

Wenn sich die Ausweitung der Geldbasis aber nicht in einem entsprechenden Anstieg der Geldmenge und auch nicht in einem Anstieg der Verbraucherpreise niederschlägt, wo landen dann die dem Geld- und Kapitalmarkt durch Zentralbanken zusätzlich zur Verfügung gestellten Finanzmittel? Fraglich ist, ob ein auf die Konsumtätigkeit ausgerichteter Indikator tatsächlich als Maßstab zur Messung der Preisstabilität ausreicht. Schließlich können sich Anstiege der Geldbasis auch in einem Anstieg der Vermögenspreiskomponenten, etwa bei Aktien, Anleihen,

Rohstoffen, Kunstgegenständen oder Immobilien widerspiegeln (Asset-Inflation). Eine Analyse solch ausgewählter Vermögenspreise bestätigt die Vermutung, dass die zusätzlichen Finanzmittel lange Zeit anscheinend nicht in erster Linie zur Beschleunigung des realwirtschaftlichen Wachstums in der Eurozone verwendet wurden – mit entsprechenden Auswirkungen auf das Preisklima. Dagegen zeigten verschiedene Datenreihen für die Entwicklung von Immobilienpreisen, Aktienindices oder auch Rentenpapieren deutliche Aufwärtsbewegungen in der Zeit der expansiv wirkenden Geldpolitik der EZB an, während im selben Zeitraum auf der Verbraucherpreisstufe kaum Aufwärtsbewegungen festzustellen waren (vgl. ausführlicher Weeber, 2017, S. 34 ff.).

Damit stellt sich letztendlich die Frage, ob die alleinige Fokussierung auf den Verbraucherpreisindices zur Beschreibung inflationärer bzw. deflationärer Entwicklungen tatsächlich die Beobachtung einer Vielzahl von Inflationsindikatoren ersetzen kann. Die Konzentration auf die Konsumentenpreise lässt die Gefahr entstehen, dass eine mögliche Vermögenspreisinflation im Stellenwert der Beobachtung sinkt. Im Kern der Diskussion geht es dabei um die Frage der Erweiterung des Zielkatalogs der EZB. Durch die Finanz- und Wirtschaftskrise 2008/2009 ist deutlich geworden, dass die Sicherung der Finanzmarktstabilität ein eigenständiges Ziel der Geldpolitik darstellt. Eine streng an einem klassischen Inflationsziel orientierte Geldpolitik läuft Gefahr, Fehlentwicklungen an den Finanzmärkten und daraus resultierende Risiken für die Preisstabilität systematisch auszublenden (vgl. Braasch, 2010, S. 518). Eine solche Diskussion führt letztendlich zur ‚Leaning-against-the wind' Problematik. Befürworter einer solchen Handlungsweise weisen darauf hin, „dass das Versprechen der Notenbank, bei einem Einbruch stützend einzugreifen, bei einem Aufschwung aber nicht zu bremsen, zu Übertreibungen bei Bankkrediten und Vermögenspreisen führen würde" (Sachverständigenrat zur Begutachtung der gesamtwirtschaftlichen Entwicklung, 2014, S. 155). Zinsreaktionen auf Vermögenspreisanstiege wären dann explizit in geldpolitische Reaktionsfunktionen einer Zentralbank einzubeziehen. Im Fall einer kräftigen Ausweitung der Bilanzsumme müsste daher gefragt werden, ob dadurch nicht die Grundlage zukünftiger Risiken für die Finanzstabilität in Form von spekulativen Übertreibungen auf den Finanzmärkten gelegt wird. Zielkonflikte zwischen einer auf die Stabilität des Finanzsystems ausgerichteten makroprudenziellen Politik und der Geldpolitik sind dann nicht auszuschließen.

Für die Geldpolitik ist weiterhin bedeutsam, ob eine Kaufkraftveränderung dauerhaft ist oder ob kurzfristige Einflüsse ein langfristig stabiles Preisklima überlagern, die häufig von stark volatilen, aber gewichtigen Einzelkomponenten eines Konsumentenpreisindex ausgelöst werden. Zur Messung solcher Effekte werden so genannte Kerninflationsraten (core rate of inflation) berechnet. Ziel solcher Indikatoren ist die Ermittlung einmaliger bzw. vorübergehender Preisanstiege außerhalb eines stabilen Preistrends. Die Ursachen solcher Preisanstiege können vor allem Verteuerungen bei saisonabhängigen Nahrungsmitteln (z. B. wegen Missernten) oder Rohstoffanstiege (z. B. drastische Ölpreisanstiege) sein. Zur Messung dieser Effekte werden Preisreihen zur Berechnung der Inflationsrate **ohne** die entsprechenden Waren (z. B. Gruppe der saisonabhängigen Nahrungsmittel und/oder ohne Kraftstoffe, Heizöl) gebildet. Damit werden zwar die direkten Effekte etwa von Kraftstoffpreissteigerungen herausgerechnet, die indirekten Effekte allerdings nicht, da steigende Kraftstoffpreise durch Überwälzungen auch in den Preisen anderer Waren und Dienstleistungen enthalten sind, die genaue Ermittlung solcher Preisbestandteile sich aber vergleichsweise kompliziert gestaltet. Für die Geldpolitik ist schließlich bedeutsam, ob es zu Zweitrundeneffekten kommt: durch einen Ölpreisanstieg ausgelöster inflationärer Druck zieht Lohnerhöhungen oder allgemein höhere Inflationserwartungen nach sich (Preis-Lohn-Spiralen). Allerdings gibt es Hinweise, dass die Bedeutung solcher Zweitrundeneffekte möglicherweise nachgelassen hat (vgl. Fiedler, 2017, S. 75 f.). Zudem ist zu berücksichtigen: „werden bei der Preismessung jedoch Lebensmittel und Energie nicht mehr berücksichtigt, dann wird insbesondere der Konsum von niedrigen Einkommensklassen, die einen großen Anteil ihrer Einkommen für Lebensmittel und Energie ausgeben, nicht mehr realistisch abgebildet" (Schnabl, 2020, S. 839).

Eine ähnliche Argumentation – für die Analyse bestimmter Preistreiber und ihre Bedeutung für die Geldentwertung – lässt sich auch für vom Staat verursachte Preisanstiege führen. Staatliche Maßnahmen sind zeitweise für einen erheblichen Teil des Preisdruckes verantwortlich. Angesichts der permanenten finanziellen Probleme der öffentlichen Kassen in den Staaten der Eurozone, wurden in der Vergangenheit zahlreiche Beschlüsse zur Verbesserung der Einnahmenseite beschlossen. Ein Teil dieser Beschlüsse hatte z. T. merkliche Auswirkungen auf die Preise der hiervon betroffenen Waren und Dienstleistungen. Zu solchen Beschlüssen zählen etwa Anhebungen von allgemeinen Umsatzsteuern oder Preissetzungen durch den Staat sowohl direkt als Eigentümer öffentlicher Unternehmen als auch Kraft seiner hoheitlichen Befugnisse durch Gesetze, Anordnungen oder Richtlinien Tarife oder Gebühren festlegen und auch spezielle Verbrauchsteuern erheben zu können. So wurde etwa der Regelsatz der Mehrwertsteuer in Deutschland seit 1968 siebenmal angehoben, als Teil eines Maßnahmenpaketes zur Stabilisierung der deutschen Volkswirtschaft in Folge der Corona-Pandemie zwischen dem 1.7.2020 und dem 31.12.2020 auch um drei Prozentpunkte auf 16 % gesenkt – mit sichtbaren Auswirkungen auf die Inflationsrate in Deutschland. Temporäre dämpfende Effekte auf die Inflationsrate hatten zur

Jahresmitte 2022 (jeweils zeitlich begrenzt) auch der sogenannte Tankrabatt und das 9-Euro-Ticket. Wirtschaftspolitische Brisanz resultiert aus der Frage, ob die geldpolitischen Entscheidungsträger einen administriert verursachten Preisanstieg durch eine Geldmengenexpansion alimentieren sollten. In der Wissenschaft gibt es dazu unterschiedliche Ansichten. Bei deflationären Tendenzen kehrt sich das Interesse an den Preiswirkungen staatlicher Aktivitäten allerdings um. Dann interessiert die Frage, inwieweit niedrige Preissteigerungsraten durch Marktbewegungen, und damit aus dem Zusammenspiel von Angebot und Nachfrage zu Stande kommen, oder durch staatliche Entscheidungen maßgeblich bestimmt werden. Hier führen aber nur die staatlichen Maßnahmen zu Preisveränderungen, wenn sie direkt an der jeweiligen Ware bzw. Dienstleistung ansetzen. Beschlüsse zur Einkommensteuer haben damit etwa keine direkten Auswirkungen auf die Inflationsrate. Gemessen werden kann der staatliche Einfluss durch einen Index staatlich administrierter Preise, der in unterschiedlichen Ausführungen in der Literatur existiert. Ziel solcher Indizes ist es, den staatlichen Anteil an der Preisentwicklung zu ermitteln. Solche Indices wurden in der Vergangenheit u. a. vom Sachverständigenrat zur Begutachtung der gesamtwirtschaftlichen Entwicklung und vom Verfasser dieses Buches berechnet. Das Statistischen Bundesamt teilt jährlich alle im HVPI enthaltenen Positionen nach dem Administrationsgrad (vollständig, teilweise oder nicht-administriert) ein und übermittelt diese an das Statistische Amt der Europäischen Union (Eurostat). Eurostat nutzt diese Daten um schließlich einen ‚harmonisierten Verbraucherpreisindex-administrierte Preise' zu berechnen.

4.2 Ursachen von Inflation

Kenntnisse über die Ursachen inflationärer Entwicklungen sind wichtig, um beurteilen zu können, inwieweit Zentralbanken mit Ihren Instrumenten in der Lage sind, solche Entwicklungen beeinflussen zu können. Die verschiedenen Verursachungsfaktoren für Geldentwertungsprozesse können in zwei große Gruppen von Inflationstheorien zusammengefasst werden: den monetären und den nicht-monetäre Inflationstheorien.

- **Monetäre Inflationstheorien (oder nachfrageinduzierte Inflation)**

Im Zentrum dieser Theoriegruppe steht die These, dass es einen Nachfrageüberhang nach produzierten Gütern gibt, wobei zusätzlich zwischen einer gesamt- und einer einzelwirtschaftlichen Entwicklung unterschieden werden kann. Im Rahmen

einer einzelwirtschaftlichen Entwicklung kommt es dabei zu einer Nachfrage-
strukturverschiebung: die Preise einzelner Güter steigen, ohne dass die Preise der
anderen Güter zurückgehen. Langfristig ist eine solche Konstellation nur denkbar,
wenn ausreichend Geld(menge) vorhanden ist. Damit ist hier eine Ausweitung
der Geldmenge die Vorbedingung für Inflation – Inflation ist damit ein monetäres
Problem im Sinne der Quantitätstheorie.

- **Nicht-monetäre Inflationstheorien (oder Kosten- bzw. angebotsinduzierte
  Inflation)**

Auch die Anhänger dieser Theorierichtung gehen i. d. R. davon aus, dass eine
dauerhafte Geldentwertung nur durch eine Ausweitung der Geldmenge existieren
kann, aber kurz- und mittelfristig sind inflationäre Prozesse auch durch Kosten-
steigerungen möglich, ohne dass die Geldmenge steigt. Dabei muss zusätzlich
eine Überwälzung der Kosten auf die Preise erfolgen.

Ausgehend von diesen beiden Theorierichtungen lassen sich zahlreiche Ursachen von Inflation im Detail darstellen. Für die durch inländische Ursachen
ausgelöste Nachfrageinflation kann zwischen Konsumgüter-, Investitionsgüter-
und staatlicher Nachfrageinflation unterschieden werden. Während eine zu starke
Nachfrage der privaten Haushalte nach Verbrauchsgütern unmittelbar zu Preiserhöhungen führen kann, werden Nachfrageanstiege bei Investitionsgütern oder bei
der staatlichen Nachfrage nur mittelbar inflationäre Prozesse bei den Waren und
Dienstleistungen auf der Konsumentenebene auslösen.

Die kosteninduzierte importierte Inflation gehört zur Gruppe der Angebots-
inflation, die zwischen den einzelnen Kostenarten (Arbeitskosten, Rohstoffe und
Vorprodukte aus dem Ausland, staatliche Festsetzungen, gestiegene Kapitalkos-
ten) unterscheidet. Außenwirtschaftlich bedingte Impulse können zu Preissteigerungen führen. So kann es für diese Arten von importierter Inflation zwei
Deutungen geben: zum einen kann eine stark steigende Exportnachfrage nach
inländischen Gütern wegen der dadurch verursachten Angebotsverknappung zu
einem Preisanstieg im Inland führen, wenn dieser Exportüberschuss nicht durch
zusätzliche inländische Produktion ausgeglichen werden kann. Zum anderen wird
mit dem Begriff der importierten Inflation der Preisanstieg für importierte Güter,
in Deutschland vor allem für Rohstoffe (etwa Rohöl oder Gas) oder andere Vorprodukte, verbunden. Dabei können die steigenden Importpreise zum einen aus
direkten Preisaufschlägen für importierte Güter resultieren. Zum anderen können Wechselkursentwicklungen Grund für Preisveränderungen sein. So führt die
Abwertung der eigenen Währung zwar tendenziell zu einer Verbesserung der

Exportmöglichkeiten, gleichzeitig steigen aber die Preise für Importgüter – mit Auswirkungen auf die inländische Inflationsrate.

Es gibt allerdings auch wirtschaftliche Konstellationen, in denen aus den Überlegungen zum Preisniveau auch die Abwertung der eigenen Währung erwünscht sein kann. Dies gilt etwa in Zeiten der Deflation, also in einer Lage aus Rezession und negativem Vorzeichen bei der Inflationsrate. In einer solchen Konstellation können durch eine Abwertung der heimischen Währung Preissteigerungen im Inland ausgelöst werden. Da die Konsumenten in einer solchen Situation mit weiter anziehenden Preisen rechnen, kann sich der Nachfragestau bei privaten Haushalten auflösen. Eine solche Politik der schwachen Währung wurde in der Vergangenheit zeitweise etwa durch die japanische Regierung mit dem heimischen Yen betrieben, um die heimische Wirtschaft zu stützen.

Zusätzlich gibt es noch Elemente der Marktmachtinflation, die im Wesentlichen auf die Preiseffekte durch einen unvollkommenen Markt abstellt. So führt eine abnehmende Zahl von Konkurrenten etwa infolge von Übernahmen oder bei wettbewerbswidrigen Absprachen zu Preisaufschlägen. So kann die Änderung des Anbieterverhaltens zu einer Angebotsverknappung und damit zu steigenden Preisen führen. Ergänzend kann auch noch die Gewinndruckinflation genannt werden, die durch das Verhalten der Gewinnmaximierung (im Sinne einer ‚Shareholder Value' Orientierung) geprägt ist: „Nimmt z. B. der Monopolgrad in einer Volkswirtschaft zu und nutzen die Unternehmen ihre größere Marktmacht zu Preiserhöhungen aus, muss sich dies in einem Anstieg des Preisniveaus niederschlagen" (Issing, 2011, S. 216). Die Debatte über die Einführung einer Übergewinnsteuer auf inflationsbedingte Profite bei Unternehmen, ist aktueller Ausdruck dieser Inflationsursache.

4.3   Auswirkungen von Inflation

Die ökonomischen Auswirkungen inflationärer Prozesse lassen sich nach Verteilungs-, Wachstums- und Arbeitsmarktwirkungen systematisieren.

- **Verteilungswirkungen**
  Hierbei geht es um die Effekte auf die Einkommens- bzw. Vermögensverteilung. Die wichtigsten Überlegungen hierzu sind:
  - Gläubiger-Schuldner-Argument
    Der (Real)Wert aller auf Geld lautenden Forderungen sinkt bei steigender Inflation. Daraus resultiert ein realer Verlust für Gläubiger und ein realer Gewinn für Schuldner: es ‚lohnt' sich Schulden zu haben. Eine solche

Argumentation ist allerdings nur dann schlüssig, wenn der Schuldner im Verlauf eines inflationären Prozesses auch steigende Nominaleinkommen hat. Dies trifft vor allem für den Staat zu, da beide große Steuerarten – etwa in Deutschland – Wertsteuern sind. So führen Steuern auf den Umsatz (z. B. die Mehrwertsteuer) oder Steuern auf das Einkommen (z. B. die Lohnsteuer mit zeitlicher Verzögerung) zu Mehreinnahmen bei den staatlichen Haushalten.

– Lohn-Lag

Bei steigender Inflation sinkt der Realwert des Lohnes, da Tarifverträge nur mit einer zeitlichen Verzögerung angepasst werden. Hinzu kommt möglicherweise der Effekt der ‚kalten Progression': In progressiv gestalteten Einkommenssteuersystemen führen nominell steigende Löhne (oder auch andere Einkommen) zu einer Einstufung in eine höhere Progressionsstufe. Selbst bei Einkommen, die nominell im Gleichlauf mit der Inflationsrate ansteigen, bleibt durch die höhere Belastung nach Abzug der Steuern Netto weniger übrig. Damit ist der Staat durch die zusätzlichen Steuereinnahmen tendenziell ein Gewinner inflationärer Prozesse (s. Gläubiger-Schuldner-Argument). Für Einkommensbezieher kommt es dagegen zu höheren Einkommensteuerzahlungen, ohne dass sich das reale Einkommen (vor Steuerzahlung) tatsächlich verändert hat.

– Transfereinkommens-Lag

Soziale Leistungen werden häufig nur mit einer zeitlichen Verzögerung an inflationäre Entwicklungen angepasst. Eine Anpassung erfolgt entweder indem ihre Veränderung direkt an die Inflationsrate (z. B. Anpassung der Regelsätze von Arbeitslosengeld 2 [Hartz IV]: 70 % aus der Preisentwicklung und 30 % aus der Nettolohnentwicklung) oder indirekt an einen davon beeinflussten Indikator (z. B. Miet- und Einkommensentwicklung beim deutschen Wohngeld) i. d. R. der Vorperiode gekoppelt ist. Allerdings werden auch Transfers von staatlicher Seite gezahlt, die nicht indexgebunden sind und damit nur unregelmäßig verändert werden (etwa Kindergeld). Die Bezieher solcher Leistungen erleiden mithin einen kontinuierlichen Realwertverlust.

– Vermögensverteilung

Ein lange Zeit vernachlässigtes Thema waren Wirkungen auf die Vermögensverteilung durch inflationäre Prozesse. Die Argumentationslinien sind dabei sehr unterschiedlich. So können Verteilungseffekte etwa aus Immobilienkäufen in Zeiten niedriger Zinssätze resultieren, aber auch durch die bereits diskutierten time-lags auf das Erwerbseinkommen und Transfers

oder durch die möglichen Entwicklungen auf den Arbeitsmarkt (s. Phillips-
Kurven-Diskussion) und einer durch die Geldpolitik der Zentralbank
(mit)verursachten Arbeitslosigkeit entstehen. Die quantitative Abschätzung
der tatsächlichen Wirkungen ist dabei schwierig und auch abhängig von
den jeweils ergriffenen Instrumenten der Zentralbank. Die Deutsche Bundesbank kommt deshalb in einer Untersuchung aus dem Jahre 2017 zu
dem Ergebnis, dass Geldpolitik zwar Verteilungswirkungen hat, „diese sind
allerdings verhältnismäßig schwach" (Deutsche Bundesbank, 2017, S. 37)
und dass die Bestimmung von Übertragungskanälen nicht nur schwierig ist,
sondern nach Meinung des ehemaligen Bundesbankpräsidenten Weidmann
„tracing the net distributional effects of monetary policy may be similar to
solving a Rubik's cube" (Weidmann, 2021) ähnelt. In Zeiten hoher Inflation
allerdings, dürften die Verteilungswirkungen deutlich stärker auftreten und
in ihrer Wirkungsrichtung eindeutiger sein. „Poorer households are often
hit particularly hard – not only do they suffer from historically high inflation reducing their real incomes, they also do not benefit from higher profits
through stock holdings or other types of participation" (Schnabel, 2021).

- **Wachstumswirkungen**
  Während die Auswirkungen inflationärer Prozesse auf die Einkommens-
  und Vermögensverteilung der Bevölkerung in der Literatur eine weitgehend einhellige Akzeptanz finden, werden die Konsequenzen für das reale
  Wirtschaftswachstum nicht so eindeutig beurteilt. Während die negativen Wirkungen großer und schneller Preisveränderungen (bis hin zur Hyperinflation)
  relativ unstrittig sind, wozu auch die schmerzlichen Erfahrungen der deutschen
  Bevölkerung während der großen Inflation in den Jahren 1919–1923 beigetra-
  gen haben, lassen sich für eine schleichende Inflation auch Argumente finden,
  die auf einen positiven Einfluss auf das Wirtschaftswachstum schließen lassen.
  - Zunächst zeigen (leichte) Preisveränderungen (für einzelne Güter) Verände-
    rungen der Knappheitsrelationen zwischen Nachfrage und Angebot an. Eine
    Folge kann sein, dass für Unternehmer leichte Preissteigerungen die Aus-
    weitung des Güterangebots lohnend erscheinen lassen – und damit erfolgt
    eine Ausweitung der Produktion, das Wirtschaftswachstum steigt.
  - Bei schnellen und allgemeinen Preisanstiegen – im Extremfall bis zur
    Hyperinflation – kommt es zu einem Verlust der Information über Verände-
    rung der Knappheitsrelationen. Möglicherweise werden hierdurch – wegen
    der scheinbar großen Nachfrage – Überkapazitäten aufgebaut. Ein Ausblei-
    ben der Nachfrage führt dann zur Rezession.

- Eine typische Folge von inflationären Prozessen ist auch die Flucht in Sachwerte, vor allem kommt es zu einer Steigerung der (Wohn)Immobiliennachfrage. Bleibt die Inflation dann hinter den Erwartungen zurück, besteht die Gefahr von Überkapazitäten im Wohnungsbau, da zu kostendeckenden Preisen diese Immobilien nicht abgesetzt werden können. Es kommt insgesamt zu einer Fehlleitung von Produktionsfaktoren und Rohstoffen.

- Auswirkungen auf das reale Wirtschaftswachstum sind auch über den internationalen Handel möglich: steigen die Inlandspreise stärker als im Ausland, wirkt dies zunächst negativ auf die Exportwirtschaft, da inländische Produkte teurer als ausländische sind (vorausgesetzt das ausländische Preisniveau verändert sich nicht bzw. weniger stark und die Nachfrage ist eine Funktion des Preises). Nach der Kaukraftparitätentheorie für die Veränderung von Wechselkursen, fällt der Außenwert der inländischen Währung, was tendenziell wieder positiv für den Export ist (Wechselkurseffekt).

Besondere Wirkungen auf den wirtschaftlichen Prozess gehen von deflationären Entwicklungen aus. Die Nachfrage nach Gütern sinkt kontinuierlich (deflatorische Lücke); in Erwartung zukünftig weiter sinkender Preise halten sich Konsumenten mit Ihrer Nachfrage zurück. In der Folge reduzieren Unternehmen ihre Produktion und sind mit Neuinvestitionen vorsichtiger (Flucht in Liquidität). Durch eine Deflation erhöht sich zudem der Realwert von Schulden, mit der Konsequenz, dass es zu möglichen Zahlungsausfällen von Schuldnern kommt. Dies kann die Stabilität des Finanzsystems gefährden. Dies vor allem dann, wenn Kreditinstitute ihre Kreditvergabe einschränken, weil sie selbst einer verschlechterten wirtschaftlichen Lage gegenüberstehen. Erschwerend kommt hinzu, dass Schwierigkeiten bestehen, eine allgemeine Preisreduktion von einer Veränderung der relativen Preise zu unterscheiden. Dies kann zu Verzerrung in der Produktionsentscheidung von Unternehmen führen.

• **Arbeitsmarktwirkungen: Die Phillips-Kurven-Diskussion**

Die Diskussion über die Wirkungen der Inflation auf den Arbeitsmarkt ist untrennbar mit dem Begriff ‚Phillips-Kurve' verbunden. Wohl auch deshalb, weil dem ehemaligen deutschen Bundeskanzler Helmut Schmidt der Satz zugeschrieben wird, „mir scheint, dass das deutsche Volk – zugespitzt 5 % Preisanstieg eher vertragen kann als 5 % Arbeitslosigkeit" (Süddeutsche Zeitung, 28. Juli 1972, S. 8). Damit wird eine (vermeintliche) Unmöglichkeit beschrieben, die beiden gesamtwirtschaftlichen Ziele ‚Stabilität des Preisniveaus' und ‚hoher Beschäftigungsstand' gleichzeitig zu erreichen. Namensgeber der Kurve war der britische Ökonom Arthur W. Phillips, der im Jahre 1958 in der Zeitschrift Economica die Ergebnisse seiner empirischen Untersuchung über den Zusammenhang zwischen der durchschnittlichen Arbeitslosenquote und der durchschnittlichen Änderungsrate der Nominallöhne für Großbritannien für den Zeitraum 1861 bis 1957 veröffentlichte. Zwar war dies nicht die erste Beschreibung eines solchen Zusammenhangs, gleichwohl rückte er dadurch in den Mittelpunkt der wissenschaftlichen Auseinandersetzung. Ausgehend von dieser ursprünglichen Phillips-Kurve ermittelten Samuelson und Solow zwei Jahre später eine modifizierte Phillips-Kurve (Abb. 4.1). Wird die Annahme einer festen Beziehung zwischen Nominallohn und Inflationsrate unterstellt, kann gezeigt werden, dass zu einem stabilen Preisniveau (im Beispiel bei 1 %) eine bestimmte Arbeitslosenquote gehört – in der Grafik liegt diese bei gut 3 %.

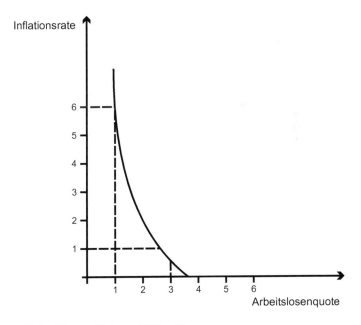

Abb. 4.1 Verlauf der modifizierten Phillips-Kurve

Die Grafik verdeutlicht auch, dass ein Abbau der Arbeitslosigkeit mit einem (langsamen) Anstieg des Preisniveaus ‚erkauft' werden kann. Diese Interpretation des Verlaufs wird auch als ‚Keynesianische Variante' bezeichnet. Dabei wird unterstellt, dass der Abbau der Arbeitslosigkeit aus einer Mehrnachfrage nach Gütern resultiert, die durch eine expansive Geld- und/oder Lohnpolitik ausgelöst wurde. Eine solche Deutung wird von Angebotstheoretikern bzw. Vertretern des Monetarismus abgelehnt. Dieser Verlauf sei allenfalls kurzfristiger Natur, so die Behauptung. Langfristig existiert vielmehr die Erwartung, dass höhere Löhne oder eine expansive orientierte Geldpolitik lediglich zu einem Anstieg des Preisniveaus führen, ohne dass sich die Lage auf dem Arbeitsmarkt nachhaltig verbessert. Die Argumentation hierfür lässt sich in mehreren Schritten aufteilen und anhand Abb. 4.2 verfolgen:

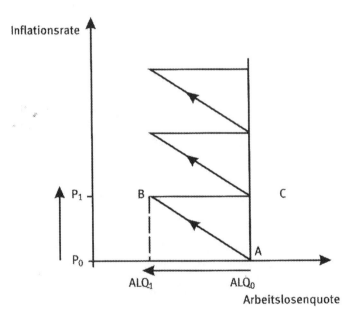

Abb. 4.2 Antizipierte Phillips-Kurve

- Ausgangspunkt ist eine expansive Geldpolitik zur Belebung der Wirtschaftstätigkeit und mit dem Ziel einer Verbesserung der Arbeitsmarktlage (Ausgangslage ist eine ALQ in Höhe des Punktes A). Infolge einer dadurch steigenden Produktion kommt es zunächst auch zu einer Ausweitung der Nachfrage nach Arbeitskräften, die ALQ beginnt zu sinken. Im Verlauf dieses Prozesses führt eine steigende Nachfrage nach Arbeitskräften zu höheren Lohnforderungen der Gewerkschaften. Höhere Löhne werden bei steigender Güternachfrage auf die Preise überwälzt. Die Preise steigen von P_0 nach P_1, bis Punkt B erreicht ist. Zwischenergebnis: Die ALQ ist gesunken (von ALQ_0 nach ALQ_1), das Preisniveau gestiegen.
- Dieser Prozess findet nur deshalb statt, weil die Arbeitnehmer der Geldillusion unterliegen. D. h.: sie wissen nicht, dass eine Erhöhung ihrer Löhne (Nominallohn) zu einem Anstieg der Preise führt. Es findet also eine Gleichsetzung von Nominallohn und Reallohn statt. Tritt dagegen ein Verlust der Geldillusion ein, merken die Arbeitnehmer, dass ihr Reallohn gar nicht gestiegen ist und damit gar nicht dauerhaft zur Mehrnachfrage nach Gütern ausreicht. Dadurch sinkt sowohl die Güternachfrage als auch die Produktion, die Arbeitslosigkeit steigt wieder an (Punkt C). Der Prozess startet wieder, allerdings von einem höheren Preisniveau aus.

  Das Vorhandensein von Geldillusion kann aus dem Forschungsgebiet der Behavioral Economics (Erkenntnis, dass sich Marktteilnehmer nicht immer rational verhalten) abgeleitet werden. Dort ist unter dem Stichwort ‚Framing‘ der Effekt bekannt, dass die Formulierung eines Problems Einfluss auf die Wahl des Entscheiders nehmen kann. Bezogen auf die Diskussion über den Verlauf der Phillips-Kurve bedeutet dies, dass eine Reduktion des Nominaleinkommens als Verlust wahrgenommen wird, während ein Anstieg des Nominaleinkommens als Gewinn empfunden wird, selbst wenn er nicht ausreicht, „um das Realeinkommen konstant zu halten und den Einkommensverlust durch eine höhere Inflationsrate auszugleichen." (vgl. Beck, 2014, S. 156).
- Ergänzt werden kann die Argumentation noch durch das Verhalten der Gewerkschaften. In einer Phase zu stark steigender Löhne verteuert sich der Produktionsfaktor Arbeit, was den Abbau der Beschäftigung in Richtung C noch zusätzlich fördert.

Die Argumentation für den immer wieder neu stattfindenden Prozess der Existenz und des anschließenden Verlustes der Geldillusion ist allerdings nur durch das Vorhandensein adaptiver Erwartungen möglich. Dabei wird unterstellt, dass es bei den Arbeitnehmern immer wieder zu systematischen Erwartungsfehlern kommt. Sie sind damit nicht in der Lage, die Zusammenhänge vollständig zu verstehen. Nach einer gewissen Zeit passen sie aber ihre Erwartungen unter Berücksichtigung vergangener Fehler der Realität an. Werden dagegen rationale Erwartungen unterstellt, erkennen die Arbeitnehmer die grundlegenden Zusammenhänge der Wirtschaft und machen keine systematischen, sondern nur noch zufällige Fehler. Daher liegt nun ein dauerhafter Verlust von Geldillusion vor, es kommt nicht einmal kurzfristig zu einer Verringerung der Arbeitslosigkeit. Vielmehr besteht ein Sockel von Arbeitslosigkeit, der durch expansiv wirkende Maßnahmen nicht beseitigt werden kann (sogenannte ‚natürliche Arbeitslosigkeit'). Der Arbeitsmarkt kann nur durch andere, strukturell wirkende Maßnahme entlastet werden.

Insgesamt gesehen kann die Phillips-Kurve empirisch nicht vollständig bestätigt werden. Vor allem vor dem Hintergrund einer zunehmenden internationalen Verflechtung der Volkswirtschaften sind solch einfachen empirischen Zusammenhänge zunehmend kritischer zu sehen. Im Zuge niedriger Preissteigerungsraten bei gleichzeitig sinkender Arbeitslosigkeit nach der Überwindung der Finanz- und Wirtschaftskrise 2008/2009 wurde der Phillips-Kurven Zusammenhang weniger beachtet. Die zunehmende Verflechtung internationaler Märkte für Waren und Dienstleitungen hatte in dieser Zeit der Globalisierung ihren bisherigen Höhepunkt erreicht. Die zunehmende Tätigkeit von Unternehmen auf internationalen Märkten führte dazu, dass der Preis- und Lohndruck auf die heimische Volkswirtschaft übertragen wurde. Die zunehmende Integration von Staaten mit deutlich niedrigeren Produktionskosten in den Prozess der weltwirtschaftlichen Arbeitsteilung hat damit Auswirkungen auf das Preisklima insgesamt. Ein hohes Maß an Preisstabilität bei gleichzeitig sinkenden Arbeitslosenzahlen war so möglich. Es scheint nicht ausgeschlossen, dass durch die jüngsten Krisen dieser positive Gleichlauf zentraler gesamtwirtschaftlicher Indikatoren wieder aufgelöst wird und es somit zu entsprechenden Zielkonflikten kommen kann. Ein neuer Trade-Off zwischen Arbeitslosigkeit und Inflation würde die Diskussion über den ‚Phillips-Kurven' Zusammenhang wieder beleben.

Daher findet derzeit eine extreme Form der ‚Phillips-Kurve' wieder Beachtung, die eine besondere Form dieses Trade-Offs ist: die so genannte ‚Stagflation'. Eine Konstellation, die wirtschaftliche **Stag**nation bei gleichzeitiger **Inflation** darstellt. Ursachen für Stagflationen waren in der Vergangenheit in Deutschland z. B. außenwirtschaftliche Schocks (etwa Ölkrisen, wie in Deutschland 1973/1974 und Ende der 70er/Anfang der 80er Jahre), es können aber auch Verteilungskämpfe zwischen Arbeitgebern und Arbeitnehmern trotz einer abflauenden Konjunktur sein. In der jüngeren Vergangenheit stellen einige Autoren solche gesamtwirtschaftlichen Lagen wieder fest (etwa Roubini [2021] für die USA; Fuest [2022] für den Euroraum).

4.4 Möglichkeiten der Inflationsbekämpfung

Die grundsätzlichen Möglichkeiten der Inflationsbekämpfung lehnen sich eng an die entsprechende Ursachen an. Neben den in Abschn. 3.4 aufgezeigten Maßnahmen für eine potenzielle Exit-Strategie, gilt es zum einen dauerhafte übermäßige Geldbasis und damit die Grundlage für eine ausufernde Geldmengenentwicklung zu vermeiden. Ohne Alimentierung durch ein überbordendes Geldmengenwachstum ist ein langfristiger inflationärer Prozess nicht möglich – so die Überlegung. Unter kurz- und mittelfristigen Aspekten sollten aus geldpolitischer Sicht zum anderen **zusätzlich** andere preistreibende Maßnahmen vermieden werden. Exemplarisch können genannt werden:

- Defizitäre Staatshaushalte, die über eine übermäßige Staatsverschuldung oder durch Steuer- und Gebührenanhebungen finanziert werden müssen.
- Die Vermeidung (dauerhafter) Abwertungen, die tendenziell zu inflationären Prozessen führen.
- Die Aufrechterhaltung bzw. Förderung von Wettbewerb auf den Märkten – sowohl auf den Gütermärkten als auch auf dem Arbeitsmarkt.

Entscheidenden Anteil an der Erreichung der mittelfristigen Preisstabilität – also weder Inflation noch Deflation – wird aber dem Brechen von Inflations- bzw. Deflationserwartungen seitens der Zentralbank zugeschrieben. Die Vorgabe und Realisierung einer Preisnorm durch die Zentralbank trägt hierzu ganz wesentlich bei. Und hierfür ist eine hohe Glaubwürdigkeit dieser Institution die Voraussetzung, wobei die Unabhängigkeit einer Zentralbank damit eng korrelieren dürfte. Zu den wesentlichen Formen dieser Unabhängigkeit zählen:

- **Institutionelle Unabhängigkeit** – Hierunter versteht man, dass es den am geldpolitischen Prozess beteiligten Zentralbanken und den Mitgliedern ihrer Beschlussorgane untersagt ist, Weisungen von Organen oder Einrichtungen des politischen Systems einzuholen oder entgegenzunehmen.
- **Personelle Unabhängigkeit** – Dazu gehören die Garantie einer bestimmten Amtszeit der Mitglieder von Beschlussorganen und eine Bestimmung, dass diese Mitglieder nur aus ihren Ämtern entlassen werden können, wenn sie die

Voraussetzungen für die Ausübung ihres Amtes nicht mehr erfüllen oder eine schwere Verfehlung begangen haben.

• **Finanzielle Unabhängigkeit** – Der Zentralbank müssen die erforderlichen finanziellen Mittel zur Wahrnehmung ihrer Aufgaben zur Verfügung stehen.

Vertraglich geregelt ist die Unabhängigkeit der EZB und die der nationalen Zentralbanken in Art. Art. 130 AEUV. Änderungen am Vertrag sind nur bei Zustimmung aller EU-Länder möglich. Um Transparenz ihrer Entscheidungen herzustellen, veröffentlicht der EZB-Rat seit 2015 Zusammenfassungen der geld-politischen Diskussion des EZB-Rates und auf verschiedenen Ebenen kommt es zu einem Gedankenaustausch der EZB mit Vertretern der Legislative und Exekutive auf europäischer Ebene (z. b. im Austausch mit dem Ausschuss für Wirtschaft und Währung des Europäischen Parlaments).

Grenzen der Geldpolitik

Die Grenzen der Geldpolitik zeigen sich bei einer Unterscheidung zwischen Geldmarkt (z. B. Tagesgeld und Termingelder mit einer Befristung bis zu einem Jahr, Geldmarktpapiere) einerseits und Kapitalmarkt (langfristige Kredite und Beteiligungskapital) andererseits. Für die Entwicklung der Zinssätze am Geldmarkt liefert die Veränderung der Leitzinsen wichtige Informationen. Die Zinssätze der Zentralbank geben quasi den Rahmen für die Marktentwicklung und auch für den Interbankenhandel (Handel von Geld zwischen Kreditinstituten) vor. Dagegen ist der Zusammenhang zwischen Zentralbankzinsen und Marktzinsen am Kapitalmarkt vergleichsweise schwächer ausgeprägt, teilweise nicht vorhanden oder der Verlauf ist sogar entgegengesetzt gerichtet. Beispielhafte traditionelle Begründungen für solche Entwicklungen können sein:

Preiserwartungseffekt
Sinkende Zentralbankzinsen signalisieren den Marktteilnehmern ein in der Zukunft höheres Wirtschaftswachstum. Da hieraus ein Risiko steigender Preise in der Zukunft resultiert (Preiserwartungseffekt), wollen Anleger von Kapital eine höhere Nominalverzinsung (bei unverändertem Realzins) erzielen. Und die Nachfrager von Kapital können den geforderten Zins auch zahlen, da aus einer günstigeren Wirtschaftsentwicklung i. d. R. auch höhere Einnahmen für die Wirtschaftssubjekte resultieren. Während daher die Zentralbankzinsen sinken, steigen die Marktzinsen ‚am langen Ende' an. Umgekehrt kann es bei einer vermuteten Rezession oder Deflation auch zu einer Erwartung in Richtung sinkender Zinsen in der Zukunft kommen. Die Möglichkeit einer inversen Zinsstruktur besteht. Dabei sind die Zinsen für kurzfristige höher als für langfristige Anlagen.

© Der/die Autor(en), exklusiv lizenziert an Springer Fachmedien Wiesbaden GmbH, ein Teil von Springer Nature 2022
J. Weeber, *Zentralbanken, Geld und Inflation*, essentials,
https://doi.org/10.1007/978-3-658-39068-6_5

Liquiditätsprämientheorie

Ausgehend von der Annahme, dass Wertpapiere mit einer kurzen/langen Laufzeit eine hohe/niedrige Liquidität besitzen und die Unsicherheit über den Bedarf an Zahlungsmittel in der Zukunft höher als in der Gegenwart ist, verlangen Kapitalanleger üblicherweise einen Zinsaufschlag als ‚Risikoprämie', wenn sie ihr Kapital für eine längerfristige Anlage zur Verfügung stellen. Die Kapitalnachfrager wiederum sind bereit, eine solche Prämie zu bezahlen, da sie durch die langfristige Kapitalbindung Sicherheit über die Zinsbelastung über einen langen Zeitraum haben und dieses Kostenelement daher besser kalkulierbar wird. Damit besteht aber möglicherweise überhaupt kein Zusammenhang mit dem aktuellen Zinsniveau, vielmehr sind zukünftige Erwartungen viel wichtiger für die Höhe der Risikoprämie.

Hinzu kommt, dass geldpolitische Maßnahmen in der Regel erst mit einem Time-lag auf die Preisentwicklung wirken, da die Wirtschaftssubjekte erst mit einer zeitlichen Verzögerung auf neue finanzielle Rahmenbedingungen und einem damit zusammenhängenden Kaufverhalten reagieren. Darüber hinaus können Umfang und Stärke der verschiedenen Effekte je nach Wirtschaftslage variieren, wodurch die genaue Auswirkung schwer einzuschätzen ist. Lange, variable und nicht genau vorhersagbare Wirkungsverzögerungen können die Folge sein. Vor allem außenwirtschaftlich bedingte Schocks (etwa deutliche Ölpreisänderungen oder kräftige Währungsschwankungen), aber auch Änderungen administrierter Preise und bei bestimmten Vermögenspreisen (Aktien und Immobilien) können erheblichen Druck auf das monetäre System ausüben und Auswirkungen auf die Preisstabilität haben. In solchen ‚Extremlagen' gelangt die ‚normale' Zinspolitik schnell an ihre Grenzen, umso mehr kann vor allem Glaubwürdigkeit einer Zentralbank zur Entspannung einer solchen Problemlage beitragen.

Solch grundsätzliche Bedenken über die Wirksamkeit geldpolitischer Maßnahmen zur Steuerung von Zinssätzen und letztendlich – aus verschiedenen Gründen – auch der zeitnahen Erreichbarkeit von Preisstabilität, haben Zweifel an der Wirksamkeit bisheriger Geldpolitik aufkommen lassen. War die Geldpolitik der Deutschen Bundesbank zu Zeiten der D-Mark im Wesentlichen noch von einer Geldmengenorientierung auf der Basis eines stabilen Zusammenhangs von Geldmengen- und Preisentwicklung geprägt, hatte sich die EZB bereits zu Beginn ihres Bestehens einem breiteren Analyse- und Politikspektrums zugewandt. Mit den grundsätzlichen Änderungen im Jahre 2003 (vor allem durch die Bedeutungsabstufung der monetären Analyse) und durch die stärkere Betonung des symmetrischen Inflationsziels im Zuge der überarbeiteten geldpolitischen Strategie im Jahre 2021, hat sich die EZB von der klassischen Einschätzung über die Wirksamkeit von Geldpolitik gelöst.

Die besonders im angelsächsischen Raum diskutierte Modern Monetary Theory (MMT) geht noch mindestens einen Schritt weiter. Banken, so die Argumentation, könnten weitgehend selbst Geldschöpfung betreiben, wodurch der Einfluss von Zentralbanken auf Geldmenge und Inflation gering bis gar nicht vorhanden wäre. Staaten, so eine der Ergebnisse der MMT könnten nie insolvent werden und hätten keine Finanzierungsprobleme, da der Staat Finanzmittel in unbegrenzter Höhe von seiner Zentralbank beschaffen kann. Eine ausführliche Darstellung der MMT findet sich im Buch von Ehnts (2022) aus dieser Essential-Reihe. Eine kritische Auseinandersetzung mit der MMT findet sich etwa bei Dullien & Tober (2019) oder Beck & Prinz (2019).

Die Wirkungslosigkeit von Geldpolitik wird auch durch das Auftreten von Krypto- (z. B. Bitcoin) oder auch Digitalwährungen (etwa die ehem. Facebookwährung ‚Diem') gefördert – so deren Vertreter. So kann bei ‚Krypto-Geld' durch den auf der Blockchain basierenden, von Privaten durchgeführten Herstellungsprozess auf Geschäftsbanken und Zentralbanken verzichtet werden. Eine Kontrolle der umlaufenden Menge an solchen Finanzmitteln entzieht sich damit der Zentralbank. Durchgesetzt als allgemein anerkanntes Zahlungsmittel haben sich allerdings Bitcoin u. ä. Assets bisher nicht, da weder Regulierungsbehörden noch Zentralbanken der großen Industriestaaten diese als solche anerkennen noch, dass es ausreichend viele Ankaufs- oder Verkaufsstellen im praktischen Leben gibt. Aufgrund der großen Wertschwankungen dieser Assets an den ‚Kryptobörsen', stehen bisher vor allem spekulative Engagements im Fokus. Gleichwohl sollen neue Technologien zukünftig Teil der Geldpolitik werden. So plant die EZB einen digitalen Euro, der die bisherigen Zahlungsmittel ergänzen soll. Bis Ende 2023 soll eine erste Untersuchungsphase hierzu abgeschlossen sein. Und in den USA wurde Mitte 2022 ein Gesetzentwurf vorgestellt, der sich mit der Regulierungsfrage beschäftigt (Responsible Financial Innovation Act). Die Literatur zu Krypto- oder Digitalwährungen ist inzwischen umfangreich. Für einen Einstieg in die geldpolitische Relevanz: Hanl & Michaelis (2017).

Eine erste Bewertung

6

Inwiefern hat sich nun die Geldpolitik der EZB bisher als erfolgreich herausgestellt? Dies lässt sich abschließend kaum beurteilen. Zumal die aktuellen Herausforderungen noch zu bewältigen sind. Für eine einfache auf die Vergangenheit bezogene Betrachtung, bietet sich aus deutscher Sicht ein Vergleich mit der Zeit an, in der die Deutsche Bundesbank noch geldpolitische Verantwortung für Deutschland trug und sich zahlreiche andere Zentralbanken angrenzender Staaten sich an dieser Geldpolitik orientierten.

Sowohl im Innen- als auch im Außenverhältnis zeigt sich anhand der klassischen Bewertungsindikatoren Inflationsrate für den Verbraucherpreisindex und Wechselkurs, dass sich die EZB durchaus mit der Bilanz der Deutschen Bundesbank aus der D-Mark-Zeit sehen lassen kann. Der heutige VPI und der HVPI sind in ihrer Schwankungsbreite vergleichbar mit dem deutschen Preisindex für die Lebenshaltung in der Zeit der alten deutschen Währung. Umfassendere Analysen, die etwa auch die Asset-Price Inflation oder zusätzliche makroökonomische, vor allem geldpolitisch Indikatoren relevante (z. B. verschiedene öffentliche und private Verschuldungsindikatoren; Realzinsen) einbeziehen, ergeben ein differenzierteres Bild. Solch tiefergehende Betrachtungen sprengen allerdings den Umfang dieses Essentials. Hierfür sind andere Veröffentlichungsformate zuständig.

Zusätzliches Bewertungskriterium für eine erfolgreiche EZB Politik dürfte in Zukunft auch sein, inwieweit es der EZB gelingt, ihr Ziel der Preisstabilität zu erreichen, ohne die Tragfähigkeit staatlicher Schulden im Euroraum zu gefährden. Drastische Zinssteigerungen dürften von einer merklichen Zahl der Eurostaaten nur schwer oder gar nicht zu tragen sein. Das Ende Juli 2022 angekündigte ‚Anti-Fragmentierungsinstrument' TPI darf dem ‚Oberziel' Preisstabilität nicht entgegenstehen – wie dies generell für außergewöhnliche geldpolitische Stützungsmaßnahmen gilt (vgl. auch die Einschätzung des Sachverständigenrat zur

© Der/die Autor(en), exklusiv lizenziert an Springer Fachmedien Wiesbaden   53
GmbH, ein Teil von Springer Nature 2022
J. Weeber, *Zentralbanken, Geld und Inflation*, essentials,
https://doi.org/10.1007/978-3-658-39068-6_6

Begutachtung der gesamtwirtschaftlichen Entwicklung, 2021, S. 137). Zwar ist neben der Ankündigung des TPI zeitgleich eine Anhebung der Zinssätze für die Hauptrefinanzierungsgeschäfte und der ständigen Fazilitäten erfolgt, aber die grundsätzlichen Bedenken über den derzeitigen EZB Kurs sind damit nicht ausgeräumt. Eine Aussage der Präsidentin der EZB Christine Lagarde am 7. Februar 2022 vor dem Wirtschaftsausschuss des Europäischen Parlaments dazu: „Now, if we were to take monetary policy action by way of gradually putting an end to asset purchase prices and rapidly hiking interest rates, would that have an impact on energy prices right away? I don't think so" (Lagarde, 2022, S. 10). Richtig ist vielmehr, dass über Zinserhöhungen es für ausländische Investoren tendenziell attraktiver wird, Anlagen im Eurowährungsraum zu tätigen. Über eine dadurch erfolgte Aufwertung des Euro verbilligen sich wiederum Importe, sodass über den bekannten Wechselkursmechanismus preisdämpfende Wirkungen auch im Inland auftreten. Dieser aus der Zinsparitätentheorie bekannte indirekte Effekt auf das inländische Preisklima dürfte auch der EZB Präsidentin bekannt sein. Warum also der langsame und verspätete Ausstieg aus der expansiv wirkenden Geldpolitik der EZB? Man kann sich des Eindrucks nicht erwehren, dass das Ziel der Preisstabilität hinter der Sorge um die Tragfähigkeit der Staatsschulden zurücksteht bzw. lange Zeit zurückstand. Erste Stellungnahmen nach Bekanntgabe des TPI sind deshalb deutlich kritisch formuliert (vgl. Breinich-Schilly, 2022).

Inflationsdämpfenden Effekte über die anderen Wirkungskanäle von Zinspolitik durch Zentralbanken zu erwarten, dürfte dagegen derzeit eher schwierig werden. Für die Ursachen der hohen Inflationsraten zur Jahresmitte 2022 in den Staaten der Eurozone, aber auch in anderen westlichen Industriestaaten sind die jeweiligen Zentralbanken nicht verantwortlich. Es lagen vornehmlich Preissteigerungen schon beginnend 2021 vor, die u. a. aus Verknappungen des Güterangebots im Zuge flächendeckender Lockdowns (während der Corona-Pandemie) resultierten, die zusätzlich auf eine Nachfrageaufholung der Konsumenten (unterstützt von zahlreichen staatlichen Ausgleichs- und Unterstützungsleistungen) traf, als Waren und Dienstleistungen (z. B. Reisemöglichkeiten oder der Besuch von kulturellen Veranstaltungen) nach Ende der Corona bedingten Beschränkungen wieder verfügbar waren. Dies galt nicht nur für Güter aus dem Konsumgüterbereich, sondern es gab auch Lieferengpässe bei Rohstoffen oder Vorprodukte (z. B. Stahl, Holz, mineralische Rohstoffe oder Mikrochips). Erschwerend kommt hinzu, dass China durch seine ‚Zero-Covid'-Politik zur Unsicherheit bei bestehenden Lieferketten beiträgt.

Auch die direkte Beeinflussung der Energiepreise durch Zentralbanken ist nicht möglich, deren Schwankungen an den internationalen Märkten durch den Ukraine-Russland Konflikt zunehmen. Für die Bekämpfung solcher Preisanstiege wären aber andere Maßnahmen zu diskutieren, was aber nicht Intention und damit Aufgabe diese Buches ist.

Die zukünftigen Herausforderungen werden für die EZB zudem nicht geringer werden. Die durch die jüngsten Krisen ausgelösten Veränderungen etwa im Bereich der Lieferkettenproblematik dürften das Preisklima nachhaltig beeinflussen. Als ein zentraler Faktor für eine Veränderung der geldpolitischen Rahmenbedingungen wird die De-Globalisierung angesehen – mit Auswirkungen auf die Inflationserwartungen. Globale Waren- und Dienstleistungsmärkte, globale Kapital- und Arbeitsmärkte lenkten in der Vergangenheit den Blick auf die Auslastung weltweiter Produktionskapazitäten und nicht nur auf die im Euroraum. Die zunehmende Tätigkeit von Unternehmen auf internationalen Märkten führte dazu, dass der Preis- und Lohndruck auf die heimische Volkswirtschaft übertragen wird. Solange in Entwicklungs- und Schwellenländern die Produktion stärker zunimmt als die Nachfrage nach Waren und Dienstleistungen, entsteht (quasi automatisch) tendenziell ein Druck auf die Preise auf den Weltmärkten. Über einen langsameren Anstieg der Löhne kam es so lange Zeit zu einem moderateren Verlauf der Inflationsentwicklung. Diese Entwicklung ist durch die Lieferkettenunterbrechungen im Zuge der Corona-Pandemie aufgehalten worden und dürfte sich durch die jüngsten geopolitischen Entwicklungen (Ukraine-Russland Konflikt; mögliche strategische Neuorientierung der westlichen China Politik) in Richtung De-Globalisierung bewegen – mit Auswirkungen auf die Preise auch im Konsumgüterbereich.

Unwägbarkeiten für die Preisstabilität könnten auch aus einer weiteren Änderung der geldpolitischen Strategie der EZB resultieren. So sollen in Zukunft auch klimarelevante Aspekte in die Geldpolitik der EZB einfließen. Dies wird etwa beim Ankauf von Wertpapieren der Fall sein, aber auch bei der Prüfung, inwieweit die Folgen des Klimawandels Auswirkungen auf den geldpolitischen Transmissionsprozess haben werden. Dabei ist heute schon klar, dass der Klimawandel und die Maßnahmen, um die Folgen daraus abzumildern, Auswirkungen auf die Preise haben. CO_2-Bepreisung, Aufwendungen für Unternehmen im Rahmen der Transformation zu klimaneutralen Geschäftsmodellen, nachhaltige Produktionsmodelle oder für klimafreundliche Technologien werden durch Überwälzungsprozesse auch bei den relevanten Waren und Dienstleistungen einen preissteigernden Effekt auf der Verbraucherstufe haben. Und auch die Auswirkungen auf die Finanzmarktstabilität können erheblich sein (vgl. Weeber, 2020). Inwieweit kommt es tatsächlich zu einer ‚Grünen Geldpolitik' der EZB? Spätestens 2025 sollte es eine Antwort auf diese Frage geben. Dann will die EZB ihre geldpolitische Strategie wieder überprüfen.

Was Sie aus diesem *essential* mitnehmen können

- Fehlerhafte und zögerliche Geldpolitik kann Ursache für ökonomische Krisen sein
- Die geldpolitische Strategie und die Instrumente der Geldpolitik sind vielfältig
- Die Geldpolitik der EZB befindet sich im Wandel
- Die ökonomischen Folgen von Preisinstabilitäten können Not und Elend für die Menschen hervorrufen

© Der/die Herausgeber bzw. der/die Autor(en), exklusiv lizenziert an Springer   57
Fachmedien Wiesbaden GmbH, ein Teil von Springer Nature 2022
J. Weeber, *Zentralbanken, Geld und Inflation*, essentials,
https://doi.org/10.1007/978-3-658-39068-6

Literatur

Beck, H., & Prinz, A. (2019). Wie revolutionär ist die Modern Monetary Theory? *Wirtschaftsdienst, 99*(6), 415–420.

Beck, H. (2014). *Behavioral economics.* Springer Gabler.

Braasch, B. (2010). Symmetrische Geldpolitik und Finanzstabilität. *Wirtschaftsdienst, 90*(8), 516–523.

Breinich-Schilly, A. (2022). Experten begrüßen Zinsschritt, nicht neues TPI-Programm. https://www.springerprofessional.de/leitzins/notenbanken/experten-begruessen-zinsschritt--nicht-neues-tpi-programm/23290292. Zugegriffen: 25. Juli 2022.

Cagan, P. (1956). The monetary dynamics of hyperinflation. In M. Friedman (Hrsg.), *Studies in the quantity theory of money* (S. 25–117). University of Chicago Press.

Deutsche Bundesbank. (2017). Verteilungseffekte der Geldpolitik. *Monatsbericht, 69,* September, 15–38.

Deutsche Bundesbank. (2021). Die geldpolitische Strategie des Eurosystems. Monatsbericht, 73, September, 17–63.

Deutsche Bundesbank. (2022a). *Geld und Geldpolitik.* Selbstverlag.

Deutsche Bundesbank. (2022b). Mindestreserven. https://www.bundesbank.de/de/aufgaben/geldpolitik/mindestreserven/mindestreserven-602268. Zugegriffen: 25. Juli 2022.

Draghi, M. (2012). Speech at the global investment conference in London, 26 July. https://www.ecb.europa.eu/press/key/date/2012/html/sp120726.en.html. Zugegriffen: 25. Juli 2022.

Dullien, S., & Tober, S. (2019). Stärken und Schwächen der Modern Monetary Theory. *Vierteljahrshefte zur Wirtschaftsforschung, 88*(4), 91–102.

Ehnts, D. (2022). *Modern monetary theory, Reihe essentials.* Springer Gabler.

Europäische Zentralbank. (2009). Monatsbericht Juli, 85–100. Die Umsetzung der Geldpolitik seit 2007 https://www.bundesbank.de/resource/blob/689840/a78c9b137c419fa2d948d71f37e788bb/mL/2009-07-ezb-mb-data.pdf

Europäische Zentralbank. (2011). Durchführung der Geldpolitik im Euro-Währungsgebiet. https://www.ecb.europa.eu/pub/pdf/other/gendoc201109de.pdf. Zugegriffen: 25. Juli 2022.

Europäische Zentralbank. (2021a). The ECB's monetary policy strategy statement. https://www.ecb.europa.eu/home/search/review/pdf/ecb.strategyreview_monpol_strategy_statement.de.pdf. Zugegriffen: 25. Juli 2022.

Europäische Zentralbank. (2021b). EZB-Rat verabschiedet neue geldpolitische Strategie, Pressemitteilung vom 08. Juli 2021. https://www.ecb.europa.eu/press/pr/date/2021/html/ecb.pr210708~dc78cc4b0d.de.html. Zugegriffen: 25. Juli 2022.

Fiedler, S. (2017). Sprunghafte Zunahme der Inflation als Folge von Basiseffekten und Ölpreisanstieg. *Wirtschaftsdienst, 97*(1), 75–76.

Fuest, C. (2022). Wir sind mitten in der Stagflation. https://www.focus.de/finanzen/boerse/clemens-fuest-ifo-boss-wir-sind-mitten-in-der-stagflation_id_91212614.html. Zugegriffen: 25. Juli 2022.

Grimm, V., Nöh, L., & Wieland, V. (2022). Government bond rates and interest expenditure of large euro area member states: A scenario analysis. https://www.sachverstaendigenrat-wirtschaft.de/fileadmin/dateiablage/Arbeitspapiere/Arbeitspapier_02_2022.pdf. Zugegriffen: 25. Juli 2022.

Gubitz, A., Jost, T., Seitz, F., Tödter, K.-H., & Ziebarth, G. (2021). Das gescheiterte Großexperiment der EZB – und was jetzt? https://aktionskreis-stabiles-geld.de/wp-content/uploads/2022/07/Das-gescheiterte-Grossexperiment-der-EZB.pdf. Zugegriffen: 25. Juli 2022.

Hanl, A., & Michaelis, J. (2017). Kryptowährungen – ein Problem für die Geldpolitik? *Wirtschaftsdienst, 97*(5), 262–370.

Herzberg, J., Knetsch, T. A., Schwind, P., & Weinand, S. (2021). Quantifying bias and inaccuracy of upper-level aggregation in HICPs for Germany and the euro area, Discussion Paper No 06/2021. https://www.bundesbank.de/resource/blob/861158/20f6623ec5a97a0ecaa316528a159d8d/mL/2021-03-16-dkp-06-data.pdf. Zugegriffen: 25. Juli 2022.

Holm-Hadulla, F., Musso, A., Rodriguez Palenzuela, D., & Vlassopoulos, T. (2021). Evolution of the ECB's analytical framework, Occasional Paper No. 277, European Central Bank. https://www.ecb.europa.eu/pub/pdf/scpops/ecb.op277~a3fc2dd56e.en.pdf. Zugegriffen: 25. Juli 2022.

Issing, O. (2011). *Einführung in die Geldtheorie.* Vahlen.

Lagarde, C. (2022). Hearing of the committee on economic and monetary affairs of the European parliament with the ECB president on 7 February 2022. https://www.ecb.europa.eu/pub/pdf/annex/ecb.sp220207_annex_1.en.pdf. Zugegriffen: 25. Juli 2022.

McKinsey & Company. (2022). European consumer sentiment survey: How current events are shaping consumer behavior insights from Germany, results from consumer survey, April. https://www.mckinsey.de/~/media/mckinsey/locations/europe%20and%20middle%20east/deutschland/news/presse/2022/2022-05-16%20consumer%20sentiment%20mai22/220516_european%20sentiment%20survey_germany_mai22.pdf. Zugegriffen: 25. Juli 2022.

Panetta, F. (2022). Normalisierung der Geldpolitik in unnormalen Zeiten, Rede von Fabio Panetta, Mitglied des Direktoriums der EZB, im Rahmen der Policy Lecture-Reihe des SAFE Policy Center an der Goethe-Universität und des Centre for Economic Policy Research (CEPR), Frankfurt a. M. den 25. Mai 2022. https://www.ecb.europa.eu/press/key/date/2022/html/ecb.sp220525~eef274e856.de.html. Zugegriffen: 25. Juli 2022.

Roubini, N. (2021). The stagflation threat is real. https://nourielroubini.com/the-stagflation-threat-is-real/. Zugegriffen: 25. Juli 2022.

Sachverständigenrat zur Begutachtung der gesamtwirtschaftlichen Entwicklung. (2021). *Transformation gestalten: Bildung, Digitalisierung und Nachhaltigkeit, Jahresgutachten 2021/2022.* Bonifatius Druck-Buch-Verlag.

Sachverständigenrat zur Begutachtung der gesamtwirtschaftlichen Entwicklung. (2014). *Mehr Vertrauen in Marktprozesse, Jahresgutachten 2014/2015*. Bonifatius Druck-Buch-Verlag.

Sauber, M., & Weihmayr, B. (2014). Vollgeld und Full Reserve Banking – Geldreformen auf dem Prüfstand. *Wirtschaftsdienst, 94*(12), 898–905.

Schnabel, I. (2021). The globalisation of inflation, Speech at a conference organised by the Österreichische Vereinigung für Finanzanalyse und Asset Management, Wien 11. Mai. https://www.ecb.europa.eu/press/key/date/2022/html/ecb.sp220511_1~e9ba02 e127.en.html. Zugegriffen: 25. Juli 2022.

Schnabl, G. (2020). Die Inflationsmessung erzeugt die Illusion der stabilen Kaufkraft. *Wirtschaftsdienst, 100*(11), 838–841.

Weber, A. A. (2010). Rede anlässlich des Wechsels im Präsidentenamt der HV Mainz. https://www.bundesbank.de/resource/blob/689000/7ff755cbccdedb5d4ba0ac116ab9ce20/mL/2010-05-31-weber-wechsel-praesidentenamt-hv-mainz-download.pdf. Zugegriffen: 25. Juli 2022.

Weeber, J. (2015). *Einführung in die Volkswirtschaftslehre*. De Gruyter Oldenbourg.

Weeber, J. (2017). Das Draghi-Risiko. *Wirtschaftswissenschaftliches Studium, 46*(5), 33–39.

Weeber, J. (2020). *Klimawandel und Finanzmärkte, Reihe essentials*. Springer Gabler.

Weidmann, J. (2021). Will COVID-19 increase economic inequality? Opening speech at the international conference on household finance 29.04.2021. https://www.bundesbank.de/en/press/speeches/will-covid-19-increase-economic-inequality--863332. Zugegriffen: 25. Juli 2022.

Printed in the United States
by Baker & Taylor Publisher Services